寿城吸氧操

王晓军　主编

北京体育大学出版社

策划编辑：秦德斌
责任编辑：秦德斌
责任校对：吴海燕
版式设计：杨　俊

图书在版编目（CIP）数据

寿城吸氧操 / 王晓军主编. -- 北京 : 北京体育大学出版社, 2019.3
ISBN 978-7-5644-3165-5

Ⅰ. ①寿… Ⅱ. ①王… Ⅲ. ①保健操 Ⅳ. ①G831

中国版本图书馆CIP数据核字(2019)第055009号

寿城吸氧操　　王晓军　主编

出版发行：北京体育大学出版社
地　　址：北京市海淀区农大南路1号院硅谷亮城2B-421
邮　　编：100084
发 行 部：010-62989320
邮 购 部：北京体育大学出版社读者服务部　010-62989432

印　　刷：北京昌联印刷有限公司
开　　本：710 mm × 1000 mm　1/16
成品尺寸：170 mm × 240 mm
印　　张：8.5
印　　数：5000 册
版　　次：2019年 6 月第 1 版
印　　次：2019年 6 月第 1 次印刷
定　　价：32.00 元

主编简介

王晓军，博士，教授，研究生导师，国家级武术裁判，中国武术学院传统运动康养研究中心主任，中国武术协会委员，中国健身气功协会委员，中国民间中医医药研究开发协会常务理事，全国武术医疗研究会会长，国家中医药管理局中医药行业专业技术考评专家，国家级“中医预防保健调理师（运动养生）”项目负责人。

自幼习武，先后师从周永福、门惠丰、张广德、张荣时、田秋田、梅墨生等武术名家修习传统武术、导引养生功、气功等。继承“武医一家，武医同道”的优良传统，师从我国中医运动医学创始人李永昌教授，系统学习导引疗法、推拿按摩等中医养生康复诊疗技术；师从北京中医药大学于天源教授，攻读针灸推拿硕士学位。首次提出并界定了中医运动处方的理论与方法体系，明确了其概念、原理、原则、内容与分类等内容，填补了该领域的学术空白。

受国家委派及应国外武术组织的邀请，多次赴美国、澳大利亚、德国、西班牙、意大利、俄罗斯、日本等国家讲学。

主持国家省部级横向课题10余项，于国家核心刊物发表论文20余篇，先后出版《中医运动处方理论及其治疗个案研究》《伤科推拿学教程》《易筋壮骨功》等多部专著。

编委会

2017年10月28日，万人共演寿城吸氧操，成功挑战吉尼斯世界纪录现场

万人寿城吸氧操成功挑战吉尼斯世界纪录荣获广西2017年十大体育新闻奖

序

美丽神奇的贺州，汉元鼎六年（公元前111年）设置临贺县，有2000多年的建城史。这里历史悠久，底蕴深厚，是千年文化古郡，是岭南文化、潇湘文化、瑶族文化、客家文化等多文化交融之地。

贺州地处湘、桂、粤三省（自治区）结合部，是中国长寿之乡，是“全国双拥模范城”“中国优秀旅游城市”。这里区位优越、交通便捷，是“三省通衢”及广西的东大门，是面向粤港澳大湾区最便捷的通道，交通网络四通八达。

这里资源富集，物华天宝，人勤长寿；这里风景优美，景色宜人，是生态资源宝地；这里拥有华南地区最大天然氧吧——姑婆山国家森林公园和中国最具旅游价值古城镇——黄姚古镇等优质旅游景点；这里被誉为“粤港澳后花园”“生态贺州，长寿胜地”；这里的人们爱好健身养生；群众体育大发展，竞技体育大跨越，体育产业蓬勃发展，体育文化深入人心。这里的体育健儿在奥运会赛场、亚运会赛场、全国运动会赛场上频频获得佳绩。这里正在建设南方最美温泉足球小镇，正在打造“寿城贺州，绿茵之都”的体育名片。

习近平总书记指出：没有全民健康，就没有全面小康。要倡导健康文明的生活方式，树立大卫生、大健康的观念，把以治病为中心转变为以人民健康为中心，建立健全健康教育体系，提升全民健康素养，推动全民健身和全民健康深度融合。

寿城吸氧操正是在这个时代大背景下应运而生的！2017年10月28日，在姑婆山国家森林公园，万人共演寿城吸氧操，成功挑战吉尼斯世界纪录，荣获“世界最大规模呼吸练习”称号，并于2018年受邀亮相中央电视台，走向全国。

为更好地适应全民健身上升为国家战略，打造国家名片的新形势、新需求，方便各地区、各行业广大健身爱好者，尤其是基层体育工作者全面学习运动养生知识，指导人们科学健身，北京体育大学王晓军教授精心编写了这本《寿城吸氧操》教材。相信这本书会帮助广大群众更好地理解和认识寿城吸氧操，随着大众的练习、喜爱、受益，相信寿城吸氧操作为独特的健身运动方式，会更加深入人心、普惠大众！

贺州市体育局局长
贺州市体育总会会长　刘意平

2019年3月21日

前　言

世上没有无源之水，亦没有无本之木。寿城吸氧操的诞生和成长历程，正应了这个道理！

第一，得天独厚的自然条件和人文环境，是寿城吸氧操诞生的自然基因。

广西贺州是我国唯一的县域全覆盖长寿市。全市人口仅242.52万，其中，百岁老人就有458位，80岁以上老人多达6.2万人，“寿城”之誉名副其实。寿城之“寿”，除了得益于寿城得天独厚的自然环境优势，更与人们健康生活方式等良好人文环境息息相关，这应该是孕育寿城吸氧操诞生的自然基因吧。

第二，以人为本和健康第一的民生情怀，是寿城吸氧操诞生的社会基因。

没有全民健康，就没有全面小康！《“健康中国2030”规划纲要》明确提出：“要发挥全民科学健身在健康促进、慢性病预防和康复等方面的积极作用，大力发展群众喜闻乐见的运动项目。”体医融合，以及康养结合大健康国家发展战略的相继提出，都为寿城吸氧操的诞生提供了肥沃的土壤。贺州市政府提出的“生态贺州，长寿胜地”追求目标，既蕴含着“寿城”对未来美好生活的憧憬，更彰显着“寿城”以人为本的人文关怀，这些都是寿城吸氧操产生的社会基因。

第三，强烈的健康需求和显著的养生功效，是寿城吸氧操得以快速发展的内在动力。

在社会飞速发展物质生活极大丰富的同时，人类健康也面临着越来越严峻的挑战！“管住嘴，迈开腿”口号的广泛认同，反映出广大人民群众对养生健身的迫切需求！

寿城吸氧操正是基于老百姓的健康需求，遵循有氧运动科学健身原理，本着“一看就喜欢，一学就上手，一练就管用”的原则编创而成。寿城吸氧操是一套姿势优美、动作舒展、富有韵律、三调合一、形神兼备、意境优雅、老少皆宜的修身养性之法。本功法不仅可以疏通经络、畅通气血，而且能够有效提升呼吸肌的力量，增加肺通气量，提高人体血氧饱和度，提升负氧离子的纳入量，有效清除体内自由基，提高人体免疫力和抗衰老能力。由于本功法科学合理，具有显著的强身健体和延年益寿之功效，因此一经传播就广受欢迎。

第四，成功挑战吉尼斯世界纪录，使得寿城吸氧操具有了国内外知名度，并走出国门，走向国际。

2017年10月28日，寿城吸氧操创始人——北京体育大学王晓军教授带领1万多名爱好者，在华南地区最大的森林氧吧——姑婆山国家森林公园和市区集体演练寿城吸氧操，成功挑战吉尼斯世界纪录，并荣获吉尼斯世界纪录官方认证的“世界最大规模的呼吸练习”称号，并入选2017年广西“十大体育新闻”。此外，寿城吸氧操因其独特魅力和社会影响力，受中央电视台之邀，于2018年10月7日在《魅力中国城》节目中闪亮登场，传遍全国。

更值得一提的是，寿城吸氧操现在已走出国门，走向世界，远播至德国、法国、瑞士、意大利、比利时、西班牙等国家，深受外国友人的喜爱和赞誉，可谓“墙内开花，墙外亦香”。

第五，各级政府和社会群体的无限关爱和鼎力支持，是寿城吸氧操茁壮成长的强大后盾。

特别感谢在寿城吸氧操诞生与成长的过程中，广西壮族自治区体育局群体处、广西壮族自治区社会体育运动发展中心、贺州市委市政府、广西各区体育局给予的关爱和热情指导！感谢广西各区体育指导员在积极传播寿城吸氧操活动中所付出的心血和努力！

目前，寿城吸氧操越来越受到国内外广大健身爱好者的青睐，希望深入学习的呼声越来越高，但苦于没有系统的文字教材和直观的教学视频，不得深入。本书的出版正是对这种呼声的回应，期望能为广大群众的健康福祉，为构建和谐、文明、健康、幸福中国贡献一点微薄的力量。

为了便于大家在教学或演练时能够准确把握动作细节和要点，本教材每式动作都配有视频教学二维码，手机扫码即可观看教学视频。另外，为了方便广大读者自学自练，书中还附有每式动作的分解动作名称，以及整套寿城吸氧操的语音导引词。

祝愿大家福寿康宁，一生幸福！

王晓军于颐心斋

2019年立春日

本书视频资源总码

本书二维码使用说明

本书二维码教学视频资源全部指向书链网，您可以直接微信扫码，观看教学视频，也可以在手机中安装书链客户端（APP）扫码使用。APP下载视频到手机，支持离线播放。

目 录

第一章　寿城吸氧操概述 …… 1

第一节　寿城吸氧操特点 …… 1

第二节　寿城吸氧操康养功效 …… 4

一、筋骨顺位 …… 4
二、易筋壮骨 …… 5
三、健脑益智 …… 5
四、提高平衡能力 …… 6
五、改善肺功能 …… 6
六、改善脏腑机能 …… 6
七、颐心养性 …… 7

第二章　寿城吸氧操基本技术 …… 9

第一节　手型与手法 …… 9

一、手型 …… 9
二、手法 …… 12

第二节　步型与步法 …… 14

一、步型 …… 14

二、步法……17
第三节　身形与身法……17
一、身形……17
二、身法……21
第四节　眼神与眼法……21
一、随视……22
二、注视……22
第五节　基本腿法……22
第六节　呼吸方法……23
一、自然呼吸……23
二、顺腹式呼吸……23
三、逆腹式呼吸……23
四、悬息……24
第七节　意念导引……24
第三章　寿城吸氧操（立式）……26
功前礼仪：抱拳行礼……26
第一式　紫气东升……30
第二式　乾坤交泰……35
第三式　潜龙出海……38
第四式　金狮揉球……43
第五式　丹凤朝阳……47
第六式　游龙戏水……51
第七式　仙姑献瑞……56
第八式　鹤翔九霄……62

第九式　神龟贺寿……67
功后礼仪：抱拳行礼……72

第四章　寿城吸氧操（坐式）……73

功前礼仪：抱拳行礼……73
第一式　紫气东升……75
第二式　乾坤交泰……77
第三式　潜龙出海……78
第四式　金狮揉球……81
第五式　丹凤朝阳……83
第六式　游龙戏水……85
第七式　仙姑献瑞……87
第八式　鹤翔九霄……90
第九式　神龟贺寿……92
功后礼仪：抱拳行礼……95

第五章　寿城吸氧操导引词……96

第一节　寿城吸氧操（立式）导引词……96
第二节　寿城吸氧操（坐式）导引词……100
第三节　寿城吸氧操（立式）分解动作名称……104
第四节　寿城吸氧操（坐式）分解动作名称……109

参考文献……114

附录：养生拍打功……115

第一章

寿城吸氧操概述

寿城吸氧操是依据中华传统医学的脏腑学说、经络学说和精气神学说等基本理论，以及解剖学、生理学和运动医学等学科基本知识创编而成的养生保健功法。

本功法突出体现了形体运动、呼吸吐纳和意念导引的巧妙结合，通过屈伸、抻展、俯仰、旋腰转脊和左右折体等形体动作，配合腹式呼吸，不仅可以疏通经络、畅通气血，而且能够有效提升呼吸肌的力量，增加肺通气量，吸入更多的氧气，排出更多的二氧化碳，提高人体血氧饱和度。通过提升负氧离子的纳入量，还可有效清除体内自由基，提高人体免疫力和抗衰老能力。长期坚持习练寿城吸氧操，具有强身健体和延年益寿之功效。

第一节　寿城吸氧操特点

世界上任何体育项目的发展，都离不开哲学和医学的指导，寿城吸氧操也不例外。本套功法既有鲜明的导引养生运动特点，又蕴藏着浓郁的传统文化内涵，充分体现了体育与人文的有机融合，术以载道，道寓术中。

特点一：意动形随，意为先导

在整个功法练习过程中，形体运动和思想意识之间要有机地配合，并突出体现意念的引导作用，做到“意不动，形不动；意微动，形相随”。

特点二：动息相随，动缓息长

这是寿城吸氧操非常重要和突出的特点，在整个运动过程中，要求形体运动的速度要和呼吸紧密配合，强调形体运动速度的快慢要以本人呼吸的深浅为标准。如果练习者的呼吸是比较缓慢、深长的，那么其运动的速度可以适当地放缓、放慢。相反，如果练习者的呼吸是比较表浅、急促的，那么其运动的速度就应该适当地加快。无论呼吸深还是呼吸浅，都尽量不要产生憋气现象。

特点三：升降开合，吐故纳新

本套功法锻炼的主要目的之一，是有效地提高练习者的肺功能和吸氧能力。因此，本功法呼吸方法与运动技术的配合，严格遵循了运动生理学和解剖学的基本原理，突出体现了升开为吸、降合为呼、定势悬息的规律。向上运动和向外伸展时采用吸气方法，向下运动和向内收缩时采用呼气方法，做到升吸降呼、开吸合呼。此外，躯干后仰时吸气，躯干前屈时呼气，躯干直立时吸气，左右折体时呼气，旋腰转脊时呼气，等等。通过以上运动，可提高呼吸肌力量，提高肺活量，改善肺泡换氧能力，从而有效提高人体清除体内自由基的能力。

特点四：协调运动，周身锻炼

本套功法不仅可以有效提高人体吸氧能力，而且通过头颈、躯干和四肢大幅度地屈伸、抻展及螺旋缠绕动作，可显著改善人体的力量素质以及柔韧性、协调性和灵敏性。因此，寿城吸氧操是一套非常科学合理的健身方法。

特点五：姿势优美，舒展大方

例如，“丹凤朝阳”中的“丹凤”一词，是凤凰的雅称。凤凰是我国古代传说中的百鸟之王，常用来象征祥瑞。雄的叫“凤”，雌的叫“凰”。凤凰于飞，是吉祥和谐的象征。

在练习此式动作时，脑海中可以想象如下意境：两臂的外旋前托、内旋侧分后摆、左右振臂抖腕、左右旋腰转脊、翘首上望、侧分按掌等一系列连贯流畅的动作，犹如一对凤凰迎着东方冉冉升起的太阳展翅飞舞。通过优美流畅、舒展大方的动作，为练功者营造一种美妙、优雅、放松、和谐的精神境界。

再如，“游龙戏水”一式，其旋腰转脊、两袖挥舞的动作，仿佛两条游龙嬉戏水间，欢快愉悦。

特点六：名称古韵，意味深长

整套功法的动作名称与中华传统文化紧密相融。比如“鹤翔九霄”“丹凤朝阳”“神龟贺寿”“紫气东升”“仙姑献瑞”等，这些动作名称全部取意于与仙鹤、凤凰、神龟、仙姑等相关的中华传统文化典故，突出体现了传统文化的寓意。

贺州市是我国唯一县域全覆盖的世界长寿市，追求健康幸福是当代寿城人民的美好诉求，而寿城吸氧操最后一式“神龟贺寿”中的“神龟”即蕴含长寿之意，“贺寿”意为诚挚祝福普天下人民健康长寿，其名称取意恰好与“生态贺州，长寿胜地”的理念不谋而合。

第二节　寿城吸氧操康养功效

寿城吸氧操的康养功效主要体现在以下几个方面。

一、筋骨顺位

五平五正、竖项提顶、中正安舒、舒胸拔背、沉肩坠肘等一系列技术要求，是寿城吸氧操的重要动作要领。通过这些有目的、有意识的运动锻炼，可调控身体各部位姿态，有效提高人体神经－肌肉反射机能，调理骨骼、关节位置，平衡肌肉、肌腱、韧带张力，以此达到骨正筋顺、气血通畅的健身效果。正如养生谚语所云：“形正则体松，体松则神宁，神宁则气顺，气顺则血畅，血畅则脏腑得养，脏腑得养则身健心康。”

此外，通过这种稳固顺位的身体姿态动力定型，可有效克服或缓解不良身体姿态引起的弊病，如圆肩驼背、脊柱侧弯、颈肩痛、腰背痛、腿痛、呼吸不畅、肺活量减小等症状。

二、易筋壮骨

屈伸、抻展、螺旋缠绕、转关动节是寿城吸氧操显著的技术特征。通过四肢与躯干柔和缓慢、张弛有度的拧转、屈伸、抻展锻炼，可使周身的肌肉、肌腱、韧带、关节囊、神经、血管等软组织得到充分的刺激，使肌肉均匀丰满，柔韧而富有弹性，可以加强软组织的能量供应，提高自身新陈代谢水平，增强损伤的自我修复能力。俗话说“筋长一寸，寿延十年”“导气令和，引体令柔”，这自古以来就是益寿延年的必由之路。

同时，寿城吸氧操屈伸、抻展、螺旋缠绕、转关动节的技术要求，可增强对骨膜的刺激，更有利于血液有效通过滤过孔运送至骨骼，促进骨骼对营养物质的吸收，提升骨骼新陈代谢能力，改善和提高骨髓的造血功能。对于预防骨质疏松症来说，柔和舒缓的抻展、拧转锻炼是非常有效且安全易行的好方法。

此外，寿城吸氧操转关动节的功夫，可使关节囊得到有效的抻展和扭转，从而提高关节囊柔韧性和弹性，加大关节间隙和活动范围，促进关节润滑液分泌，减轻或避免关节面磨损，对于关节的保护和功能改善具有重要的康养价值。

三、健脑益智

脊柱运动是寿城吸氧操躯干运动技术的核心，“潜龙出海”“丹凤朝阳”“金狮揉球”“游龙戏水”等一系列技术动作，特别注重旋腰转脊、脊柱蠕动、左右侧屈。这些科学合理、简便易行的运动方式，可使脊柱的每一个椎体和关节得到有效、充分的牵拉和旋动，可以加强对髓管内脊髓的良性刺激，增强其活性，从而提高自主神经和周围神经的敏感性，提高神经系统对脏腑和肌肉的调控能力，对于延缓脊髓衰老和枯竭、健脑益智具有重要意义。

寿城吸氧操要求“以意导动”“意动形随”，可有效提高神经-肌肉反射能力，通过加强神经系统和运动系统的协同锻炼，一方面可延缓肢体运动能力的退化，另一方面亦可改善神经系统功能，预防阿尔茨海默病（AD）。

四、提高平衡能力

寿城吸氧操“仙姑献瑞”“鹤翔九霄”等独立支撑或提踵平衡锻炼，强调虚实分明，重心稳定。这些有针对性的锻炼，可使身体重心有节律地在两腿之间转换，从而使两腿肌肉得到有规律的收缩和舒张，可以增强支撑腿肌肉、肌腱、韧带的力量和弹性，提高关节的稳定性，还可有效提高人体的平衡能力，减少或避免老年人跌跤现象的发生，这对于提高老年人生活质量具有重要意义。

五、改善肺功能

寿城吸氧操多采用腹式呼吸，要求起吸落呼、开吸合呼，做到细（少量）、匀（均匀）、缓（缓慢）、长（长时间）。腹式呼吸方法可有效提高膈肌的升降幅度，减小肺的功能余气量，增加肺泡通气量和换氧能力，有效清除体内自由基。实验证明：膈肌升降每增加1厘米，肺通气量可增加250～300毫升。

六、改善脏腑机能

腹式呼吸通过有意识地主动调节腹压的方法，可使脏腑得到柔和缓慢的按摩，从而有效促进脏腑器官的血液循环和新陈代谢，提高腹腔静脉血向心脏回流的能力，减轻心脏负担，并抑制交感神经的兴奋性，提高副交感神经的兴奋性，从而减少内脏耗能。还可有效促进前列腺激素等内分泌激素的产生，消除活性氧中的毒素，提高人体免疫能力。

腹式呼吸过程需要配合收腹缩肛动作（丹田鼓荡），对于预防脱肛、内脏下垂等疾病具有一定效果。

七、颐心养性

中华传统医学认为，“心者，君主之官，神明出焉。”“故主明则下安，以此养生则寿……主不明则十二官危……以此养生则殃。”这里所说的心，即是大脑的活动，它支配着人的五脏六腑正常功能的发挥，影响着人的精神、意识、思维、情志等。因此，中医学理论告诉我们“善养生者，首在养心”。

现代医学同样认为，人的精神、意识、思维、情志等对健康至关重要，良好的心理状态是健康的基础。所以，世界卫生组织（WHO）明确指出，人类健康的四大基石包括：合理膳食、适量运动、戒烟限酒、心理平衡。由此可见，心理健康至关重要。

良好的心理状态需要科学合理的心理调节手段。在寿城吸氧操练习过程中，通过优雅古韵的名称暗示，从而营造一种轻松、优美、和谐的意境，使练习者在心旷神怡的意境中陶冶性情、舒缓身心，具有良好的情绪调节作用，康养效果显著。

寿城吸氧操整套功法的动作名称多与中华传统文化紧密相融，比如“鹤翔九霄”“丹凤朝阳”“神龟贺寿”“紫气东升”“仙姑献瑞”等，这些动作名称全部取意于与仙鹤、凤凰、神龟、仙姑等有关的老百姓耳熟能详的典故，都是美好事物的代表，充满正能量，一提到这些事物，人们脑海中都会产生美好的向往和良好的情绪体验，使人心情愉悦，对养生保健大有裨益。

寿城吸氧操处处要求心静体松、精神内敛、愉悦安逸，在柔和、缓慢、轻灵的运动中细心体验“行如流水，稳如泰山”“运动如抽丝，迈步似猫行”的境界，日久功深自然会有脚步轻灵、神清气爽、身心愉悦的感受。

现代科学研究已帮助我们揭开了此类运动现象的奥秘和养生价值：当人体处于松静自然、精神愉悦的状态时，大脑皮层即进入了α波状态，此时脑内便会大量分泌β-内啡肽，此类激素不仅具有使心情愉悦的作用，而且具有非常重要的提高人体免疫力和预防衰老的功能，是健康长寿的灵丹妙药。这也就从科学的角度解释了练习寿城吸氧操后自我感觉舒适愉悦的原因。

第二章

寿城吸氧操基本技术

纵观中华传统导引养生之法，无外乎手、眼、身、腿、气、意六根的内外修行，寿城吸氧操正是依据这一传统养生理念，逐一进行修习筑基。

第一节　手型与手法

一、手型

（一）拳

1. 卷心拳

卷心拳又称“方拳”，拇指分开，其余四指并拢，逐节卷曲握于手心，拇指屈指按压于食指和中指第二关节处，拳面要平。在第三式潜龙出海中，使用此手型。（图2-1）

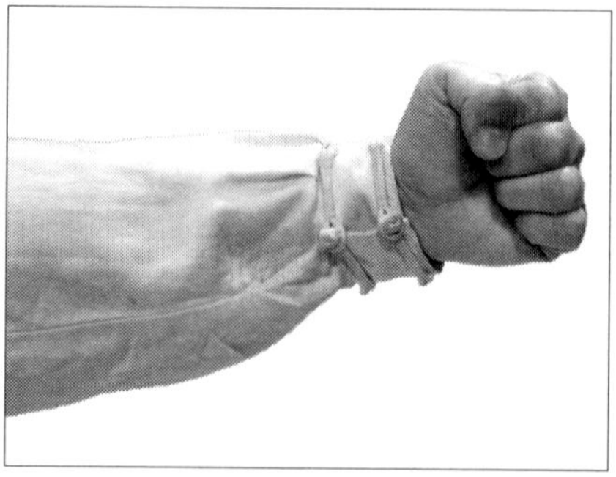

图2-1

2. 空心拳

四指并拢屈握，拇指屈指按压于食指和中指第一关节处，拳心涵空。在功前礼仪和功后礼仪中，抱拳行礼时使用此手型。（图2-2）

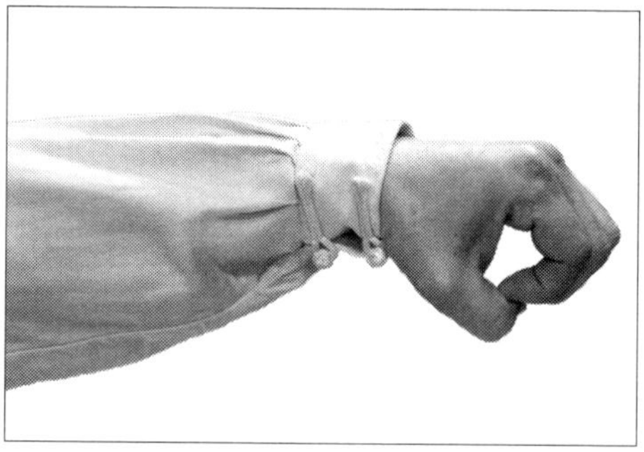

图2-2

（二）掌

1. 自然掌

五指自然分开，掌心涵空，虎口微撑。在第一式紫气东升、第二式乾坤交泰和第四式金狮揉球等动作中，使用此手型。（图2-3）

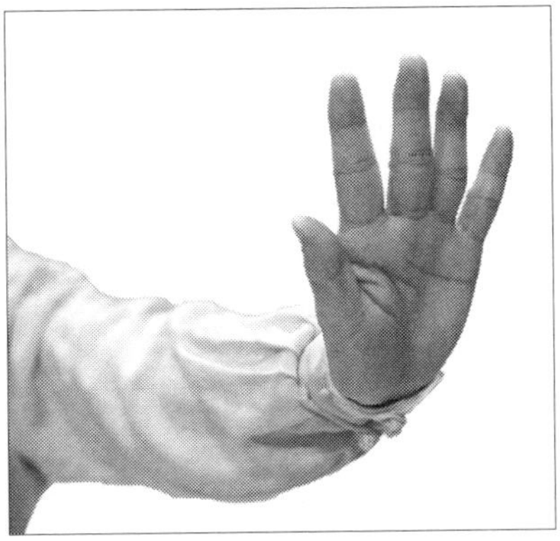

图2-3

2. 瓦楞掌

五指自然分开，大鱼际微微内合，食指微上翘，其余四指以小指引领，逐一外旋内合，掌心涵空。在第三式潜龙出海、第五式丹凤朝阳和第七式仙姑献瑞等动作中，使用此手型。（图2-4）

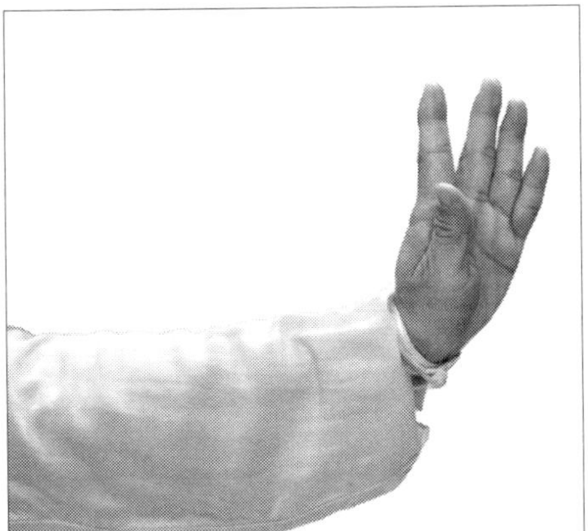

图2-4

（三）勾

屈腕，五指指腹自然捏拢。在第八式鹤翔九霄动作中使用此手型。（图2–5）

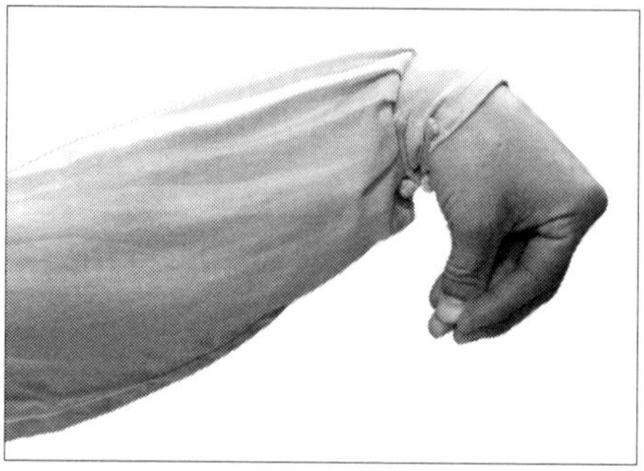

图2–5

二、手法

（一）托掌

两臂自然伸开，两手心向上，掌心涵空，手指尖向外，有侧托掌和前托掌之分。在第一式紫气东升、第四式丹凤朝阳和第九式神龟贺寿等动作中使用此手法。

（二）捧掌

两手呈自然掌，手心向上，掌心涵空，手指相对。在第二式乾坤交泰、第四式金狮揉球动作中使用此手法。

（三）按掌

两手呈自然掌，手心向下，掌心涵空，有侧按掌和前按掌之分。在第一式紫气东升、第二式乾坤交泰和第四式丹凤朝阳等动作中使用此手法。

（四）穿掌

手臂由屈到伸，手指引领，向前穿出。在第三式潜龙出海动作中使用此手法。

（五）推掌

手臂由屈到伸，手指向上，坐腕翘掌，力达小鱼际或掌根。在第三式潜龙出海和第九式神龟贺寿动作中使用此手法。

（六）开合手

两手合于胸前，掌心相对，掌指向上，两掌相距约10厘米；展肩扩胸，两掌由合到开至两肩前停止。在第九式神龟贺寿动作中使用此手法。（图2-6-1、图2-6-2）

图2-6-1

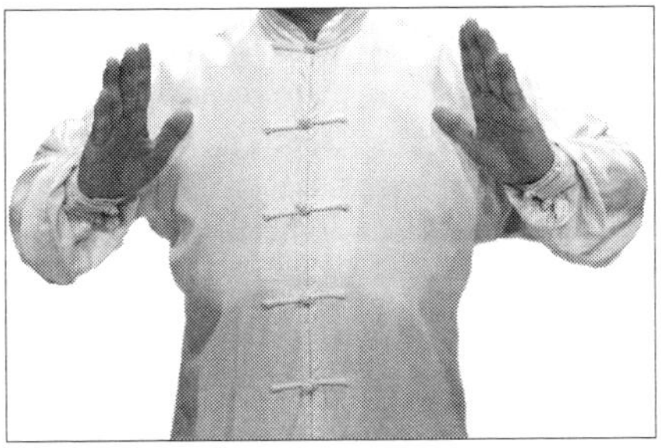
图2-6-2

第二节　步型与步法

一、步型

（一）并步

两脚并拢，两腿自然伸直，松静站立。在功前礼仪、功后礼仪和每一式动作结束时使用此步型。（图2-7）

图2-7

（二）马步

两脚平行开立，略宽于肩，脚尖朝前，屈膝下蹲，两大腿与地面平行，膝盖不过脚尖，躯干保持正直，尾闾中正，竖项提顶，百会向上领起，重心在两腿之间。在第二式乾坤交泰动作中使用此步型。（图2-8）

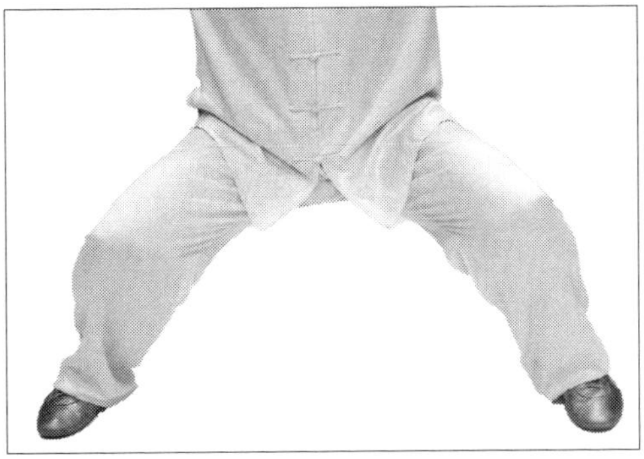

图2-8

（三）丁步

一腿微屈支撑，另一腿内收至支撑腿内侧，脚尖点地，距支撑腿约一脚距离。在第四式金狮揉球动作中使用此步型。（图2-9）

图2-9

（四）叉步

一腿微屈支撑，另一腿经支撑腿后侧，向支撑腿侧后方迈步，脚尖点地，后腿伸直。在第五式丹凤朝阳动作中使用此步型。（图2-10）

图2-10

（五）横裆步

一腿屈膝下蹲，大腿高于水平，另一腿伸直，两脚尖朝前，重心偏于屈膝腿，身体正向前。在第六式游龙戏水中使用此步型。（图2-11）

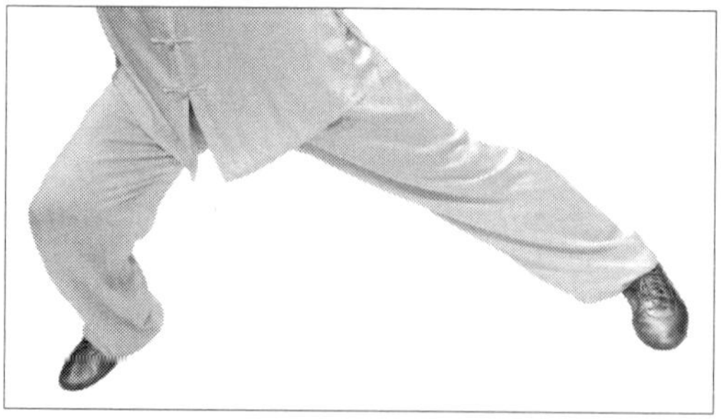

图2-11

二、步法

（一）上步

一腿支撑，另一腿向前迈出。在第八式仙姑献瑞动作中使用此步法。

（二）退步

一腿支撑，另一腿向后撤回。在第八式仙姑献瑞动作中使用此步法。

（三）侧行步

一腿屈膝支撑，另一腿提起侧向横跨一步，脚尖点地；随着重心横移，迈出腿逐渐屈膝，变为支撑腿，原支撑腿屈膝收至支撑腿内侧。在第六式游龙戏水动作中使用此步法。

第三节　身形与身法

一、身形

身形，指寿城吸氧操在定势和运转过程中，人体各部位的形态标准与要领。本功法对身形的总体要求是保持中正、舒展、平稳、自然。

（一）五平五正

五平五正，是在静止状态下，身形的基本标准和要领，总体要求是身体前后、左右、上下等各个部位要中正平衡、内外顺位。

五平：一平是指头部两侧的太阳穴要保持水平；二平是指两肩处的肩井穴要保持水平；三平是指两髋关节处的居髎穴要保持水平；四平是指两膝关节处的鹤顶穴要保持水平；五平是指两足底处的涌泉穴要保持水平。

五正：一正是指头顶的百会穴与两阴之间的会阴穴上下对正；二正是指左肩处的肩井穴与左髋关节处的居髎穴上下对正；三正是指右肩处的肩井穴与右髋关节处的居髎穴上下对正；四正是指左膝关节处的鹤顶穴与左足底的涌泉穴上下对正；五正是指右膝关节处的鹤顶穴与右足底的涌泉穴上下对正。

通过五平五正调形，可以使全身的脏腑经络、四肢百骸各归其位，气从以顺，最终达到“骨正筋柔，气血以流”的康养效果。（图2-12、图2-12侧）

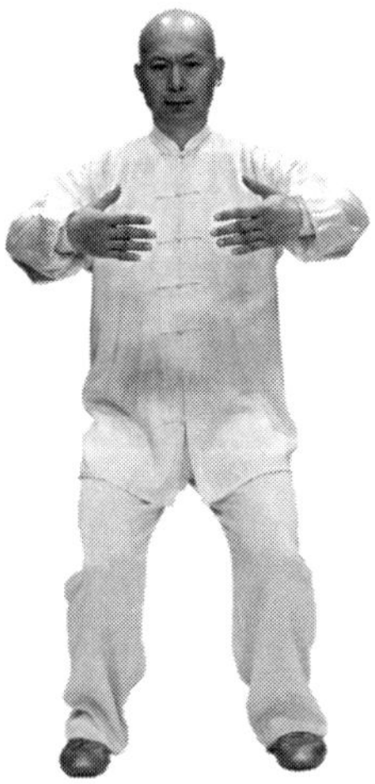

图2-12

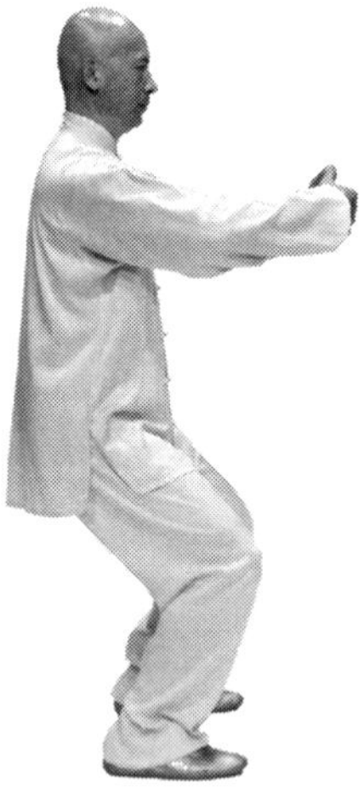

图2-12侧

（二）竖项提顶

竖项提顶，是指头、颈自然竖直，微有向上顶悬的意念，又称“虚领顶劲”。这样做有利于姿势稳定、精神振作、意气运用，正如俗语所说“尾闾中正神贯顶，满身轻利顶头悬”。保持竖项提顶可以帮助我们在练习寿城吸氧操时克服头颈松软、萎靡不振、摇头晃脑、低头弯腰等技术错误。当然，保持竖项提顶也不能走向另一个极端，即颈项紧张僵硬，失去虚领本意。同时，在保持竖项提顶时要注意面部表情淡定自然，神态安详，宁静从容，不可故意表情作态。

（三）沉肩坠肘

沉肩坠肘，是指两肩要保持松沉，不可耸肩，也不可故意前扣或后张。肘关节要保持自然弯曲，并有轻微垂坠的姿态，防止挺肘或扬肘等错误动作。保持沉肩坠肘，可以使动作更加沉稳、柔和，气贯指梢。

（四）腋下涵空

腋下涵空，是指腋下保持一定空隙。不要使上臂紧夹两腋或肘关节紧贴胁肋，那样会导致上肢或躯干动作失去圆活自然，并影响上肢气血循环。在练习寿城吸氧操整套功法时，其上肢技术无论是屈臂还是直臂，都要求有膨胀的内力，称为“掤劲”。屈臂时两臂要保持弧形，手臂向外展放，不可松软扁瘪；直臂时两臂要微屈成弧，前伸后拉，肘部下坠。保持腋下涵空可使得上肢既柔和自然，又沉实有力。

（五）舒指展掌

舒指展掌，是寿城吸氧操的基本手型要求。大多数动作中，都要求做到五指自然舒展分开，掌心微微内涵，使劲力贯注于掌、腕、指各关节。当然，在一些特定动作中，如潜龙出海、丹凤朝阳、仙姑献瑞等，手型变为瓦楞掌，要求五指舒展，同时微微螺旋内扣，掌心涵空。但是无论如何变化，指、腕关节都不能过于松软或僵硬。五指屈缩，腕部松弛，或者五指并拢，腕部紧张，都是不对的。

（六）舒胸拔背

舒胸，是指胸部、腹部不能外挺，要保持舒松自然。拔背，是指背部舒展开阔，脊柱节节向上领起，保持向上拔伸之势。这样做与寿城吸氧操的松柔圆活运动特点相适应，有利于调理脊柱，矫正畸形，促进中枢神经系统功能顺畅，有利于疏通任脉、督脉和冲脉，畅通气血。舒胸拔背的关键在于自然舒展，不能理解为缩胸驼背。

（七）松腰敛臀

松腰，是指腰肌松活、不紧张。敛臀，是指髋关节向内收缩，臀部向内收敛。松腰是目的，敛臀是手段，目的是为了保证尾闾中正，身体端庄，腹部松沉，便于屈膝下蹲，避免产生跪膝或膝关节超过脚尖过多等错误动作。

（八）收腹提肛

寿城吸氧操多采用腹式呼吸方法，遵循起吸落呼、开吸合呼原则。吸气时，注意小腹内收，会阴收缩，提肛缩腹。呼气时，小腹自然放松。此呼吸方法，一方面可以有效增强腹肌、肛门括约肌、盆底肌群等肌肉力量；另一方面配合膈肌下沉，可以有效增加腹压，加强脏腑按摩，促进脏腑自身气血循环，对于脏腑内能调理具有重要的康养价值。

二、身法

身法，主要指躯干部位的运动方法。寿城吸氧操主要运用了旋腰转脊法和折体法。

（一）旋腰转脊法

旋腰转脊法，是指身体的左右转动，处处体现以人体腰脊为中轴，以腰带臂，左旋右转，左顾右盼，从而使背部和腰部两侧肌肉松紧交替运动。例如，在潜龙出海、丹凤朝阳、游龙戏水、仙姑献瑞等动作中多采用此法。

（二）折体法

折体法，是指脊柱沿额状面左右侧屈的运动方法。从整个躯干动作外形来看，表现为左右侧倾折体。此身法对于调理肝胆两经，疏肝理气，具有重要康养价值。

第四节　眼神与眼法

俗话说：“眼睛是心灵的窗口。”眼神，是内在精神意识的外在表现。眼法，是指眼神在形体运动过程中的巧妙运用之法。合理运用眼法，不仅可使视神经及其周围组织得以锻炼，起到明目益视、安神定志之效，更能体现意动形随、形神兼备之妙。常见眼法主要有随视和注视。

一、随视

随视，是指身体在动态运动过程中，眼神随肢体运动而动，称为形动视随。我们经常说的“眼随手动”，即是随视之法。在第三式潜龙出海、第四式金狮揉球、第五式丹凤朝阳和第六式游龙戏水等动作中使用此眼法。

二、注视

注视又名“定睛”，是指眼神专注于一个方向或一个视点。寿城吸氧操在做每一个定势时，使用的眼法都是注视之法。在第一式紫气东升、第二式乾坤交泰和第九式神龟贺寿等动作中使用此眼法。

第五节　基本腿法

在武术运动中，腿法主要包括直摆类腿法（如正踢腿、外摆腿等）、屈伸类腿法（如弹腿、蹬腿等）、扫转类腿法（如前扫腿、后扫腿等）和平衡类腿法（如金鸡独立、燕式平衡等）。研究发现，这些锻炼方法对于增强腰腹部及下肢力量、提高人体平衡能力和协调能力、增加骨密度，效果显著。寿城吸氧操选取了金鸡独立这一腿法练习。此腿法要点是，一腿直立，独立支撑，另一腿屈膝提起，膝关节高于髋关节，脚面绷平。

第六节　呼吸方法

呼吸，是寿城吸氧操锻炼的重要环节。“一呼一吸谓之息”，故调整呼吸亦称为“调息”。调息是指主动、自觉地调整和控制呼吸，从而达到锻炼呼吸肌、提高心肺功能的目的。寿城吸氧操对呼吸的基本要求是：对于初学者，宜采用自然呼吸。待熟练掌握动作后，再配合升、降、开、合等动作特征，采用细、匀、缓、长的腹式呼吸。总之，需要循序渐进，逐步提高。

寿城吸氧操主要采用自然呼吸、顺腹式呼吸、逆腹式呼吸和悬息四种呼吸方法。

一、自然呼吸

自然呼吸，是指不改变自己正常的呼吸方式，即要求顺其自然地呼吸，不加意念控制。对于初学者来说，一般宜采用这种呼吸方法。在功前礼仪和功后礼仪动作中采用自然呼吸法。

二、顺腹式呼吸

顺腹式呼吸，即吸气时小腹隆起，呼气时小腹内收。在寿城吸氧操每一式动作开始或结束时，采用顺腹式呼吸法。

三、逆腹式呼吸

逆腹式呼吸，即吸气时收腹、提肛、缩肚脐，呼气时小腹放松隆起。采用逆腹式呼吸法，可有效提高膈肌、腹肌、肋间肌等呼吸肌力量，对于提高肺功能效果显著。因此，寿城吸氧操在运动过程中采用逆腹式呼吸法。

四、悬息

悬息，是指在吸气结束或呼气结束时，保持不吸不呼的状态。悬息，有利于促进气体在肺泡中的交换，可以吸收更多的氧气，排出更多的二氧化碳，可有效提高血氧饱和度，增强人体抗氧化能力，清除体内自由基，对于提高人体免疫力和自愈力具有重要的康养价值。

第七节　意念导引

形体运动、呼吸吐纳、意念导引是练习寿城吸氧操的核心内容，又称“调形”“调息”“调心”，是寿城吸氧操功法练习的三大要素。

意念导引，即大脑的活动，是指通过有目的、有意识地对自己的精神意识、思维活动进行主动、自觉的调整和控制，使之达到练功的要求和目的的心理过程。《黄帝内经》指出“心为五脏六腑之大王，心动五脏六腑皆摇”，这里的“心”指的就是大脑，说明人的思维活动和情绪变化都能影响五脏六腑的功能。所以，在练习寿城吸氧操过程中，要尽可能排除不利于身心健康的情绪和思想，更为重要的是，为自己创造一个美妙舒适、心旷神怡的内环境，在练功过程中，始终处于轻松愉悦的精神状态，既健身又养心，从而达到身心兼养、性命双修之康养功效。

寿城吸氧操的意念导引法，主要采用的是“存想法”。存想法是指在练功过程中，想象特定的景物至清晰可见或身临其境状态的意识思维活动，又称为“观想”。采用此意念导引方法，不仅可以快速排除杂念，精神内守，而且可以诱导自己进入身心愉悦的环境，提高修身养性的练功效果。

例如，在练习第五式丹凤朝阳时，伴随两臂前托、叉步后摆、振臂抖腕、旋腰转颈、翘首上望、面带微笑等一系列连贯流畅的动作，想象自己犹如一只美丽优雅的凤凰，迎着冉冉升起的朝阳，凌空展翅，舒抖开自己五彩斑斓的双翼，引颈眺望美好的远方。如此之意境观想，不仅可以使自身动作更加放松舒展，准确到位，而且可以给人以无限美好的遐想，并引发自己对一切美好事物的憧憬，使内心充满无限的喜悦和幸福，正所谓身心双修之法！

第三章

寿城吸氧操（立式）

功前礼仪：抱拳行礼

【动作方法】

动作一：两脚并拢，松静站立，两臂自然松垂于体侧，中指轻贴裤缝，下颌微收，虚领顶劲，沉肩坠肘，舒指展掌，舒胸拔背，松腰敛臀，两膝微屈，涌泉踏地，舌抵上颚，唇齿微合，呼吸徐缓，气定神敛，目视前方，意守丹田。（图3-1）

图3-1

动作二：随着吸气，两臂沿身体侧前方约45度缓缓上举，待两臂举至胸部高度时，微微屈肘于胸前呈抱拳礼，两臂呈饱满的弧形，右手握空心拳，拳眼斜向内，左手为掌，掌指关节轻覆于右手拳棱处，双手与天突穴同高，目视前方。（图3-2、图3-2侧）

图3-2

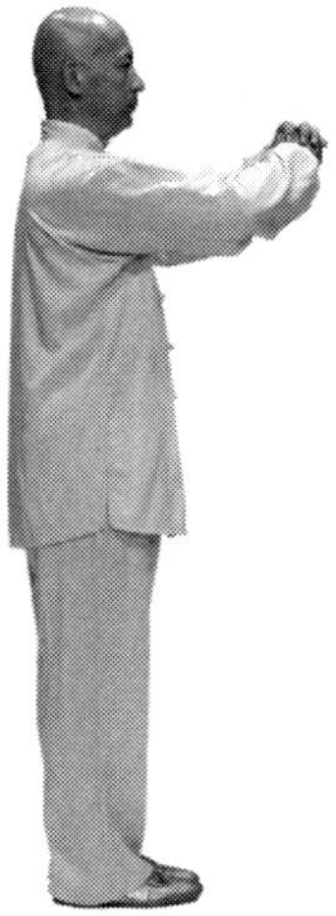

图3-2侧

动作三：随着呼气，两腿保持伸直，躯干前俯45度，躬身行礼，目视拳眼方向，静止2秒。（图3-3、图3-3侧）

图3-3

图3-3侧

动作四：随着吸气，两腿保持直立，两臂保持抱拳礼姿势不变，躯干缓缓直立，目视前方。

动作五：随着呼气，两手分开，两臂沿举臂路线原路返回，自然松垂于体侧。（图3-4）

图3-4

【练习次数】

抱拳行礼做一遍。

【动作要领】

1. 并步站立时，松静自然，调匀呼吸，意念集中，气定神敛，意守丹田。

2. 侧举抱拳时，两臂动作与吸气紧密配合，沉肩坠肘，拳眼对天突穴。

3. 躬身行礼时，两腿保持直立，鞠躬与呼气紧密配合，目视拳眼方向。

4. 立身还原时，立身与吸气紧密配合。两臂垂落时，垂臂与呼气协调一致。

【易犯错误与纠正方法】

1. 两臂上举时，侧分太大；抱拳行礼时，两手过高或过低。

纠正方法：随着吸气，两臂沿身体侧前方约45度缓缓上举；抱拳行礼时，拳眼斜向内，与天突穴同高。

2. 躬身行礼时，两腿弯曲，弓腰、弓背过大，低头静止不够2秒。

纠正方法：躬身行礼时，伸膝直立，抱拳礼姿势不变，躯干前俯45度，目视拳眼方向，静止2秒。

3. 立身还原时，起身速度过快。

纠正方法：立身还原时，先立腰，再立身，后虚领顶劲，节节领起。

【文化内涵与康养功效】

心理因素、心性修养不仅对于养生保健、益寿延年至关重要，而且在疾病发展和疗愈过程中也具有重要作用。有研究表明，人类80%的疾病与心理因素有关。因此，世界卫生组织明确指出，“心理平衡”是人类健康的四大基石之一，足以说明心性修养的重要性。寿城吸氧操是“术以载道，由术悟道”“德艺双修”的性命（身心）双修之学。因此，始终将“未曾学艺先学礼，未曾习武先习德”奉为经典，功前礼仪和功后礼仪是其中的重要环节，也是寿城吸氧操的标志之一。

鞠躬礼，是中华民族优秀的传统文化，内涵十分丰富，既健身又养心，而且充满哲理，是中华礼仪文明的重要组成部分。鞠躬礼蕴含“四心一命得幸福，五平五正保安康”之深意。“四心”是指谦虚心、恭敬心、真诚心、感恩心。中华传统文化告诉我们，“谦受益，满招损”（孔子《尚书·大禹谟》），“敬人者人恒敬之，爱人者人恒爱之”（孟子《孟子·离娄下》），“诚者，信也”“诚者天之道也，诚之者人之道也”（《礼记·中庸》），“感恩是幸福的源泉”。可见“四心”具有满满的正能量，对于调节情绪、涵养性情、陶冶情操，具有重要作用。

五平五正，是指身形的中正平衡、内外顺位。通过五平五正调形，可以使全身的脏腑经络、四肢百骸各归其位，气从以顺，最终达到“骨正筋柔，气血以流”的康养效果。这与中医养生康复观念不谋而合，“形正则体松，体松则神宁，神宁则气顺，气顺则血畅，血畅则脏腑得养，脏腑得养则身健心康。”

“一命”，具有生理学和社会学双重含义。一是指命门穴，躬身行礼可以刺激脊柱正中线上位于第二腰椎棘突下的命门穴，具有强腰固肾、培补命门元气之功效。二是指命运，“命”字在《说文解字》中的含义是“人一叩首，命即改变”。由此不难领悟，躬身行礼不仅可以调养身体，还可以教化人心、提升人格，寓意深刻，具有修身养性的双重内涵！

第一式　紫气东升

【动作方法】

动作一：由并步站立开始，百会虚领，松胯屈膝，重心慢慢移至右腿，左脚提起向左横跨半步，脚尖点地，然后重心缓缓移至两腿之间。（图3-5）

动作二：随着吸气，两臂沿身体两侧缓缓上举，待与肩平齐时外旋，翻转掌心向上合抱，举至斜上方45度，两手掌心向内，劳宫穴相对。（图3-6）

动作三：随着呼气，屈肘下按，两掌经面部、胸部按至腹前，与关元穴同高；两肘微屈，掌心向下，手指相对，相距约10厘米，腋下涵空（图3-7）。然后，两肩胛内收，两臂外展，松腕舒指，十指松垂于体侧，目视前方。

图3-5

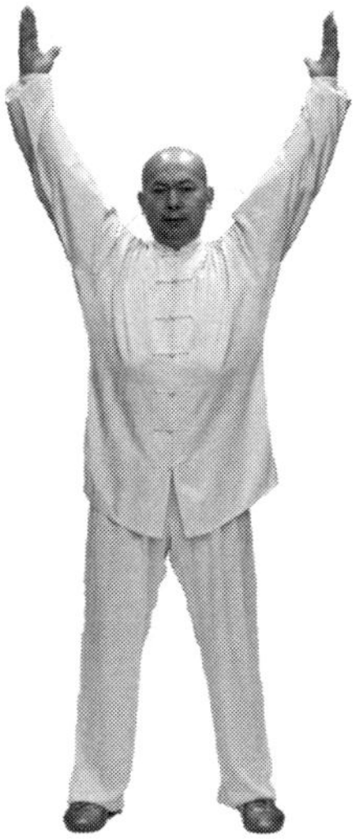

图3-6

图3-7

待此式动作练习最后一遍结束时，重心右移，收左脚，并步站立，两手松垂体侧，目视前方。

【练习次数】

重复练习动作二至动作三，共四遍。

【动作要领】

1. 两臂上举时，遵循“根节起，中节随，梢节追”的原则，沿肩、肘、腕、掌顺序，依次虚腋、沉肩、提肘、悬腕、展掌、两臂缓缓侧举。

2. 屈肘下按时，亦遵循“根节起，中节随，梢节追”的原则，沿肩、肘、腕、掌顺序，依次沉肩、坠肘、塌腕、按掌、两臂缓缓下沉。

3. 意动形随，意为先导。遵循“意不动，形不动，意微动，形相随”的原则，要求意念在先，动作在后，未起心动念时，身心保持松静自然状态，调匀呼吸，待意识发出指令时，两臂随之缓缓运动。

4. 动息相随，以息为准。通俗的解释是，动作要与呼吸紧密配合，动作速度快慢，要以本人的呼吸深浅为标准，呼吸深则动作慢，呼吸浅则动作快，因人而异，不求相同。此式动作中，吸气时，两臂侧举；呼气时，屈肘沉按。

5. 屈肘按掌时，保持沉肩坠肘、竖项提顶、百会虚领，有一种上下对拉拔长的感觉，充分体现阴阳平衡。

【意念导引】

在中国传统文化中，紫气东升蕴含着祥瑞降临之意，预示着美好事物即将来临。将紫气东升设计为第一式动作，具有期待祥瑞出现之寓意，是对一切美好事物的向往和憧憬。

在练习紫气东升动作时，默想自己仿佛置身于郁郁葱葱的大山之巅，整个身心与大自然融为一体，两臂的缓缓升起犹如初升的朝阳放射出万道霞光。两手采集天地精华，通过百会穴贯注周身，濡养五脏六腑和四肢百骸，并将体内的浊气通过脚底的涌泉穴排出体外。

【易犯错误与纠正方法】

1. 松胯开步时，容易出现跪膝动作。跪膝动作会造成髌韧带的过度牵拉，长此以往，容易引起膝关节疼痛等症状。

纠正动作：注意百会虚领、松胯屈膝、命门微松。

2. 提脚开步跨度过大。

纠正方法：练习紫气东升动作，主要是为了调形、调息、调心，使身心逐渐进入练功状态，不需要下蹲，所以两脚距离与肩同宽即可。

3. 两臂侧举时耸肩。耸肩容易导致憋气，而且动作也显得比较拘谨。

纠正动作：两臂侧举时，遵循“根节起，中节随，梢节追”原则，按肩、肘、腕、掌顺序，依次虚腋、沉肩、提肘、悬腕、展掌，两臂缓缓侧举。按照这种方法练习，动作就会连贯流畅，不容易产生憋气现象。

4. 两臂侧举时手臂僵硬；上举过高，甚至两臂垂直，从而导致屈肘按掌时两臂出现交叉，也容易产生耸肩现象。

纠正方法：两臂侧举时，肩要松垂，十指缓缓向远处无限伸展，好像有无形的力量拽着自己的手指，把自己的胳膊拉起来。待两臂举至头部斜上方45度时，即准备屈肘按掌。

5. 屈肘沉按时，两手下按过低、夹腋或肘关节过于伸直，从而导致腋下血液循环不畅。

纠正方法：屈肘下按时，遵循“根节起，中节随，梢节追”原则，按肩、肘、腕、掌顺序，依次沉肩、坠肘、塌腕、按掌，两臂缓缓沉按，待两掌到达关元穴的高度时即停。

【康养功效】

紫气东升主要由两臂侧举和两掌沉按组成，技术动作看起来比较简单，实际上蕴含着丰富的知识。从养生保健方面讲，紫气东升首先是对脊柱的顺位锻炼，整个动作过程都要求头正颈直、百会上领、沉肩坠肘、舒胸拔背。两臂上举、下按时，都要求左右对称平衡。这些基本要求不仅会平衡腰背两侧的肌张力，而且还可以使脊柱产生对拉拔长的感觉，从而使整个腰背部和脊柱的关节、肌肉、肌腱、神经、血管顺位，疏通经络，活血化瘀，促进康养。

现代人不良的生活习惯容易导致脊柱侧弯或圆肩驼背，现代医学发现，人的脊柱损伤与一百多种疾病密切相关，而紫气东升可以调整脊柱，对于防治颈肩痛、腰背酸软、腰腿酸痛等疾病具有重要的康养价值。

呼吸方面，紫气东升采用的是逆腹式呼吸法，强调在举臂时随着吸气收腹、提肛、缩肚脐，胸廓饱满，小腹内收，腹部上下挤压，使脏腑得到充分按摩，促进胃肠蠕动，改善脏腑气血循环和能量供给，提高脏腑机能。

通过两手采气、导气濡养等意念导引活动，用一念代万念之法，快速排除杂念，可以诱导大脑皮层迅速进入放松愉悦的状态，并改善自主神经系统机能，有利于抑制交感神经的过度兴奋，并提高副交感神经的兴奋性，改善脏腑机能，进而增强人体免疫力和自愈力，康养价值显著。

第二式　乾坤交泰

【动作方法】

动作一：两脚并拢，百会虚领，两掌拢气合手于腹前，与关元穴同高，十指相对，约距10厘米，掌心向上，目视前下方。（图3–8）

动作二：重心右移，提左脚向左开步，两脚距离宽于肩部，重心慢慢移至两腿之间。（图3–9）

动作三：随着吸气，两掌上托，待托至胸部膻中穴高度后，两臂内旋上撑，两手虎口处经过耳部外侧向上托举，两臂微屈，十指相对，掌心向上 ，目视前方。（图3–10）

图3–8

图3–9

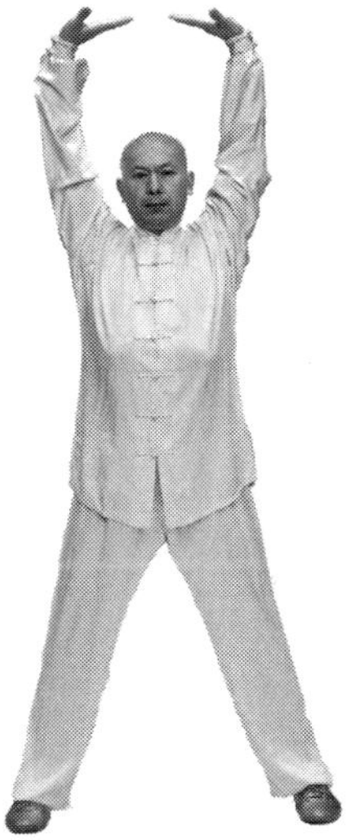

图3–10

动作四：随着呼气，松胯屈膝成马步，两臂侧分，垂肩、坠肘、塌腕、按掌至肩平，大腿与地面平行。（图3–11）

动作五：重心右移，收左脚并步，身体缓缓直立，两手拢气合手于腹前，与关元穴同高。（图3-12）

图3-11

图3-12

以上为左式动作练习方法，右式动作与左式动作相同，唯方向相反。待练习此式动作最后一遍结束时，重心左移收右脚，并步站立，两手松垂体侧，目视前方。

【练习次数】

练习左式动作和右式动作各两遍。

【动作要领】

1. 动息相随，动缓息长。吸气时，旋臂上撑，撑掌结束时悬息微停；呼气时，两掌沉按。

2. 上下相随，伸膝托掌，屈膝按掌，速度均匀。

3. 两手虎口经耳部外侧上举托掌，竖项提顶，脊柱拔伸。

4. 屈膝成马步时，膝不过脚尖，微微塌腰翘臀。

【意念导引】

乾指天，坤指地，泰有安宁祥和之意。乾坤交泰蕴含着天清地宁、天地相合、安宁祥泰之意，体现着和谐的理念。在练习乾坤交泰这一动作时，两臂内旋上撑时，犹如力托千斤，顶天立地；两掌下按时，犹如平沙落雁，悠然沉稳；人自立于天地之间，仿佛天地人三才有机融为一体，具有人与自然和谐统一之寓意。

同时，伴随身体的舒展和内收，在一紧一松中，细心体会气血的流动和气贯指梢的气感。如此意境，自然会营造一种舒适自然、怡然自得的练功氛围，使动作更加舒展大方、美观飘逸。

【易犯错误与纠正方法】

1. 两手旋臂上托过早或过晚。

纠正方法：待两掌上托至膻中穴高度时，再内旋托掌。

2. 两掌经面前上托。

纠正方法：两手虎口经耳部外侧上举托掌。

3. 两掌上托时，两臂伸直。

纠正方法：两肘微屈，十指相对，掌心朝上，胁肋拉伸。

4. 两掌侧分下按时，手臂僵硬。

纠正方法：两掌侧分下按时，遵循“根节起，中节随，梢节追”的原则，沿肩、肘、腕、掌顺序，依次沉肩、坠肘、塌腕、按掌，伴随松胯屈膝，两臂缓缓下落。

5. 松胯沉按时，容易出现跪膝和身体前俯现象。

纠正方法：松胯屈膝过程中，始终保持百会上领，舒胸拔背，身体中正安舒，膝关节不超过脚尖，注意微微保持塌腰翘臀姿态。

【康养功效】

中医学将人的躯干细分为三部分。膈肌以上为上焦，内有心、肺。膈肌以下至肚脐以上为中焦，内有脾、胃、肝、胆。肚脐以下为下焦，内有肾、膀胱、大肠、小肠。通过两手托天动作，可以充分牵拉躯干，从而增强对躯干内五脏六腑的悬吊和牵拉，起到通经活络、畅通气血的作用。起源于脊髓的交感神经和副交感神经，支配着五脏六腑、血管、汗腺等器官组织的功能活动，对于维护人类健康至关重要。两手托天动作，可以有效牵拉刺激脊柱，从而提高脊髓活性，延缓脊髓衰老，增强神经系统功能。

松胯屈膝、马步下蹲配合两掌下按动作，可以有效锻炼股四头肌、腰背肌和臀部肌群的力量。现代医学常把大腿的股四头肌称为人类的第二心脏，股四头肌对于促进循环系统机能至关重要。此外，屈膝下蹲练习，还可有效锻炼腰背部、腹部、臀部、骨盆底部等处的肌群，对于增强腰背和腹部力量、提高人体平衡能力、预防肌肉萎缩、保护脊柱、预防老年人骨质疏松等，都具有重要的康养价值。

第三式　潜龙出海

【动作方法】

动作一：接上式，随着吸气，两脚并拢，松静站立，双手握拳抱于腰间，拳心向上，挺胸展腹，两肘后夹，目视前方。（图3-13）

动作二：随着呼气，两腿膝关节尽量保持固定，依次向右旋腰转脊、旋颈。左臂向前伸展到极限，手心向上。同时，下颌微收，目

随手动，向右转头，眼睛沿着指尖方向极目远望。（图3-14）

图3-13

图3-14

动作三：随着吸气，身体转正。同时，左手掌心轻贴右耳，经脑后，立掌置于左肩前，拇指对准云门穴，展肩扩胸，目视前方。（图3-15）

图3-15

动作四：随着呼气，左手向左弧形推掌，左臂微屈，手腕与肩平，塌腕翘掌，掌指向上，掌心向左，力达掌根。同时，下颌微收，目随手动，眼神掠过左手中指尖上方极目远望，微停片刻。（图3-16）

动作五：自然呼吸，左臂自然下落，十指松垂。同时，下颌内收，头部转正，目视前方（图3-17）。然后，随着吸气，左臂屈肘，握拳抱于腰间，目视前方（图3-18）。

图3-16

图3-17

图3-18

以上为左式动作，右式动作与左式动作相同，唯方向相反。待练习此式动作最后一遍结束时，并步站立，两手松垂体侧，目视前方。

【练习次数】

练习左式动作和右式动作各两遍。

【动作要领】

1. 旋腰转脊，以腰带臂，脊柱由下至上节节扭转，使腰腹和脊柱得到有效刺激和调理。

2. 旋腰转脊时，尽量锁定两膝，避免过大的内旋和外旋，保护膝关节。

3. 掌抚脑后时，注意保持身体中正、竖项提顶、展肩扩胸。

4. 伸臂侧推时，沉肩，坠肘，手掌弧形推出，力达掌根。

5. 动息相随，屈肘抱拳时吸气，旋腰穿掌时呼气，手经脑后运动（掌抱昆仑）时吸气，转头侧推时呼气。

【意念导引】

在做潜龙出海动作时，臆想自己犹如潜伏于海底且积蓄了充盈能量的巨龙跃水而出，舒展愉悦，腾空飞翔，盘旋于昆仑山巅之后，飞向天际。如此意境，自然会带给练功者朝气蓬勃、欢欣鼓舞的美好情感体验。

【易犯错误与纠正方法】

1. 屈肘抱拳时，两拳未能置于腰部两侧，容易导致两肩胛放松，胸部内含，体会不到展肩扩胸的感觉。

纠正方法：两拳紧握，置于两侧髋关节的上方，两肘内收，展肩扩胸，目视前方。

2. 旋腰转脊时未能体现以腰带臂，而是以手带臂，使脊柱得不到最有效的扭转训练。

纠正方法：尽量锁定膝关节，先旋腰，再转脊，后转颈，手臂随之缓缓前伸。

3. 手掌经耳侧、脑后运行时，出现低头、含胸现象。

纠正方法：掌抚脑后时，注意保持身体中正、竖项提顶、展肩扩胸。

4. 伸臂侧推掌时，手臂过于伸直，肩、肘、腕关节锁定，气血不易流通。

纠正方法：侧推掌时注意做到沉肩、坠肘、塌腕、翘指，微屈手臂，腋下涵空，使手臂各个关节充分拉伸。

5. 手臂未充分下落就屈肘握拳。

纠正方法：待手臂完全松垂下落之后，再屈肘握拳，抱于腰间。

【康养功效】

潜龙出海的康养功效：一方面可以有效增加呼吸肌固有肌群的力量，使得膈肌、肋间肌、腹内斜肌、腹外斜肌、菱形肌等得到有效锻炼；另一方面，展肩扩胸和屈肘抱拳动作，可以有效刺激肩胛内侧的夹脊穴，起到疏肝理气的保健效果。此外，通过旋腰转脊、转头侧推等练习，可以增加腰腹部肌肉的力量，提高腰椎、胸椎、颈椎柔韧性和关节活动幅度，调理小关节紊乱，有效防治颈椎病、肩周炎、腰背疼痛、腿痛等不适症状。

中医理论认为“腰为肾之府”“肾主骨生髓”，大幅度的旋腰转脊锻炼，有利于疏通督脉、膀胱经和带脉，畅通气血，壮骨生髓，强腰固肾，对于脊柱保健和延缓脊柱衰老具有重要意义。

第四式　金狮揉球

【动作方法】

动作一：自然呼吸，松胯屈膝，百会虚领，两掌拢气合手于腹前，与关元穴同高；十指相对，约距10厘米，掌心向上，目视前下方。（图3-19）

动作二：自然呼吸，重心右移，提左脚向左开步，脚尖点地，同时两臂右摆至身体右侧，目视两手之间。（图3-20）

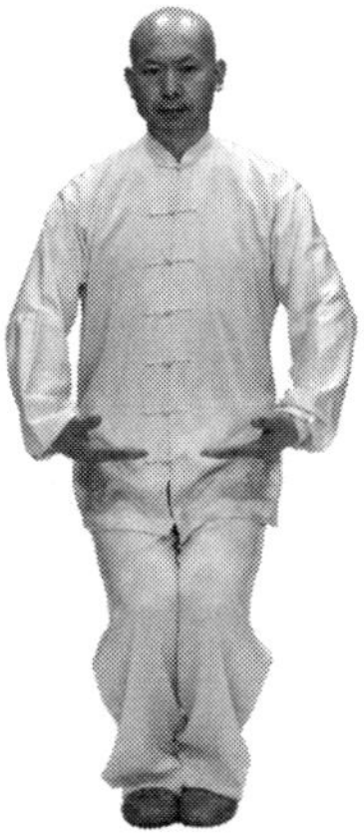

图3-19

图3-20

动作三：自然呼吸，重心左移，左脚全脚掌着地，右脚收至左脚内侧，两脚相距约一脚距离，脚尖朝前。同时，两臂左摆，两手呈抱球状，目视两手之间。（图3-21）

动作四：随着吸气，伸膝直立，腰部先微微向左后方旋转，紧接着顺势右转，展胸挺腰，两臂上举，两手仍呈抱球状举至头部上方，微微仰头，目视两手之间。（图3-22）

图3-21

图3-22

动作五：随着呼气，松胯屈膝，重心渐渐左移，左七右三，向左顶髋，右腿外旋至右脚尖朝向右方，右髋关节内收。同时，躯干保持面向前方，向右慢慢折体，待躯干侧倾至与水平面成45度夹角时停止，脊柱呈“C”形。右臂约成水平，手心向上，左上臂贴近左耳，手心向下，两掌心相对，目视两手之间。（图3-23）

动作六：随着吸气，伸膝直立，腰部先微微向右后方旋转，再顺势左转，展胸挺腰，两臂上举，两手仍呈抱球状举至头部上方，微微仰头，目视两手之间。（图3-24）

以上为左式动作，右式动作与左式动作相同，唯方向相反。

图3-23

图3-24

待练习此式动作最后一遍结束时，随着呼气，两手经面前缓缓下按至腹前，重心右移，收左脚，并步站立，两臂松垂体侧，目视前方。

【练习次数】

练习左式动作和右式动作各两遍。

【动作要领】

1. 动息相随，动缓息长。吸气时，收脚摆臂，旋腰举臂；呼气时，开胯折体。吸气时，旋腰举臂；呼气时，开步摆臂。

2. 上下相随，开左步时右摆臂，开右步时左摆臂，起身时举臂，开胯屈膝时落臂。

3. 旋腰转脊，以腰带臂。旋腰举臂时，脊柱由下至上节节拔伸；开胯折体时，先折体再摆臂。

4. 左右顶髋时，支撑腿先松髋屈膝，后顶髋；另一腿先外旋碾脚，再收髋。

【意念导引】

在中国传统文化中，每逢节日，总是喜欢用舞龙舞狮来表达丰收或团聚的喜悦之情。在做金狮揉球动作时，臆想犹如在节庆的喜悦气氛中，雄狮戏球，伴随绣球的上下舞动而翻腾跳跃，一片喜气洋洋的氛围。如此意境，自然会带给练功者轻松自如、精神愉悦的美好情感体验。

【易犯错误与纠正方法】

1. 侧向开步时，摆臂不明显。

纠正方法：一脚侧开步时，身体重心移向支撑腿一侧，两手呈抱球状顺势摆至支撑腿外侧，使侧开步与抱球摆臂对称协调。

2. 摆臂收脚时，两脚间横向距离过小或者过大。

纠正方法：收脚落步后，两脚间横向距离至少保留一脚宽，避免旋髋碾脚时两脚相撞。

3. 顶髋折体时，容易出现跪膝。

纠正方法：身体保持正直，百会上领，松胯屈膝，膝关节不超过脚尖。

4. 开髋折体时，躯干容易扭转，导致胁肋侧向拉伸不够。

纠正方法：顶髋折体时，躯干保持正向前，两臂侧向伸展，使胁肋得到充分拉伸。

5. 两臂上举时，旋腰不够充分。

纠正方法：以腰带臂，先微微向侧后方转腰，再旋腰立身，两臂上举。

【康养功效】

金狮揉球动作中旋腰转脊和左右折体的锻炼功效，首先在于调理脊柱，有利于脊椎各个生理弯曲和各个关节的自然顺位，刺激脊髓，提高中枢神经系统和周围神经系统的活性和生理机能，从而延缓神经系统衰老。

其次，通过旋腰转脊、左右折体锻炼，还可使膈肌、肋间外肌与肋间内肌得到充分锻炼。膈肌、肋间内肌与肋间外肌是呼吸肌的重要组成部分，练习此式可有效增强呼吸肌力量，从而提高肺通气量。

从传统医学角度看，旋腰转脊动作可起到调理带脉、督脉、任脉、膀胱经的作用。旋髋、顶胯、挥臂、折体动作，可使躯干两侧的胁肋部和腿部外侧得到有效抻拉，从而刺激调理肝经和胆经，具有疏肝理气之康养功效。

此外，《黄帝内经》中有“脾有邪，其气留于两髀”之说，意思是说当人的脾胃有疾时，很容易在腹股沟与髋关节等处产生一些不良反应，如酸痛、麻胀、刺痛等现象，通过旋髋、收髋与顶髋的练习，可以有效调理该部位，具有通经活络、调畅气血之功效。

第五式　丹凤朝阳

【动作方法】

动作一：松胯屈膝，左脚向左迈步，两脚距离略宽于肩，百会上顶。随着吸气，两手于体前外旋上托，呈瓦楞掌，手与肩同高，两手间距与肩同宽。（图3-25）

动作二：随着呼气，重心左移，右腿向左腿斜后方45度叉步，脚尖点地，脚跟提起，同时上体微微左转，两手内旋后摆，展肩扩胸，目视左手方向。（图3-26）

图3-25

图3-26

动作三：随着吸气，保持叉步不变，两臂先侧展，再上举，然后于头部上方抖腕撑掌，形成饱满的弧形，十指相对，目视两手之间。（图3-27）

动作四：随着呼气，保持叉步不变，按沉肩、坠肘、塌腕、按掌顺序，两臂缓缓沿左右两侧分开下落，与肩同高，目视前方。（图3-28）

动作五：右脚还原，重心右移，收左脚，并步站立。同时，身体直立，两臂自然松垂于体侧，目视前方。（图3-29）

图3-27

图3-28

图3-29

以上为左式动作，右式动作与左式动作相同，唯方向相反。待练习此式动作最后一遍结束时，并步站立，两手松垂于体侧，目视前方。

【练习次数】

练习左式动作和右式动作各两遍。

【动作要领】

1. 动息相随，动缓息长。吸气时，松胯开步，旋臂托掌；呼气时，叉步后摆。吸气时，振臂抖腕，翘首望月；呼气时，两臂侧分。

2. 两臂内旋后摆要充分，振臂抖腕要形成饱满的弧形，躯干保持中正。

3. 以腰带臂，眼随手动。

4. 叉步托掌上望时，悬息，微微停顿片刻。

【意念导引】

在练习此式动作时，可以意想如下意境：两臂的外旋前托、内旋侧分后摆、左右振臂抖腕、左右旋腰转脊、翘首上望、侧分按掌等一系列连贯流畅的动作，犹如凤凰迎着东方冉冉升起的朝阳，展翅飞舞，翱翔九霄。通过优美流畅、舒展大方的动作，为练功者营造一种美妙、优雅、放松、和谐的意境。

【易犯错误与纠正方法】

1. 两脚分开，旋臂前托时，两手过高，容易憋气。

纠正方法：两臂外旋上托时，手腕与肩同高、两手距离与肩同宽。

2. 叉步摆臂时，容易出现跪膝。

纠正方法：身体保持正直，百会上领，松胯屈膝，膝关节不超过脚尖。

3. 叉步状态下，旋腰转脊和振臂抖腕时，躯干容易后仰。

纠正方法：在身体中正、百会上领、脊椎拔伸的状态下，旋腰转脊，振臂抖腕。

4. 举臂抖腕时，抖腕速度过快。

纠正方法：在举臂抖腕时，动作要柔和舒展，塌腕翘指连贯一致。

5. 振臂抖腕时，两手容易出现一高一低；两臂与两耳的距离不对称，容易产生一臂过于贴耳，另一臂离耳过远。

纠正方法：可采用对镜练习法，注意左右肩部保持水平；振臂抖腕时，保持头部中正，两上臂离头部距离相同，两臂保持饱满的弧形，目视两手之间。

【康养功效】

膈肌、肋间肌、腹壁肌、胸部肌群、背部肌群是呼吸肌的重要组成部分。此式动作，伴随吸气，通过收腹、提肛、缩肚脐动作，可使膈肌、肋间外肌得到强有力的刺激。胸廓的充分开合和振臂抖腕亦可以锻炼肋间肌和胸部肌群。通过旋腰转脊，可以使一侧肋间肌得到最大限度的拉伸。通过左右旋腰转脊练习，可有效锻炼背部肌群，并使脊柱各个关节得到有效旋拧，纠正人体脊柱的不良姿态，促进中枢神经系统的健康。

第六式　游龙戏水

【动作方法】

动作一：松胯屈膝，重心移至右腿，提左脚向左开步，略宽于肩；随着吸气，两臂上掤，与肩同高，与肩同宽，目视前方。（图3-30）

动作二：随着呼气，松胯屈膝，百会上领，两手缓缓按于胸前，掌心向下，与膻中穴同高。（图3-31）

动作三：随着吸气，重心左移，向左旋腰，带动两臂左摆。左肩胛骨内收，左臂屈肘向后摆动，掌心向下。同时，右肩胛骨外展，右臂前伸随转体左摆至上体右前方45度，掌心向下，目视右手前方。（图3-32、图3-32侧）

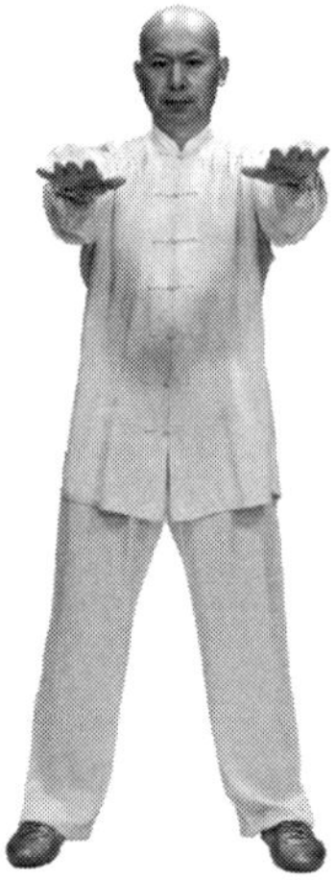

图3-30

图3-31

图3-32

图3-32侧

动作四：随着呼气，重心右移，向右旋腰，带动两臂右摆。右肩胛骨内收，右臂屈肘向后摆动，掌心向下。同时，左肩胛骨外展，左臂前伸随转体右摆至上体左前方45度，掌心向下，目视左手前方。（图3-33、图3-33侧）

图3-33

图3-33侧

动作五：随着吸气，重心左移，向左旋腰，带动两臂左摆。左肩胛骨内收，左臂屈肘向后摆动，掌心向下。同时，右肩胛骨外展，待右臂前伸左摆至正前方时，右脚内收至左脚内侧。（图3-34）

动作六：随着呼气，继续向左旋腰，右臂左摆至上体右前方45度，掌心向下。同时，右脚向右迈步，脚尖点地，目视右手前方。（图3-35、图3-35侧）

图3-34

图3-35

图3-35侧

以上为左式动作，右式动作与左式动作相同，唯方向相反。

待练习此式动作最后一遍结束时，两脚并拢，两臂前伸，高与肩平，与肩同宽，手心向下（图3-36）。随着呼气，慢慢伸膝站立，两手缓缓下按，并步站立，两手松垂体侧，目视前方（图3-37）。

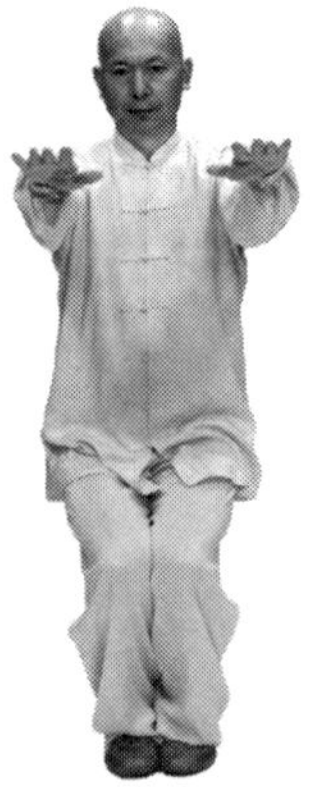

图3-36

图3-37

【练习次数】

练习左式动作和右式动作各两遍。

【动作要领】

1. 动息相随，动缓息长。吸气时，两臂上掤；呼气时，松胯沉按。吸气时，旋腰左摆；呼气时，旋腰右摆。吸气时，旋腰摆臂，收脚；呼气时，旋腰摆臂，出脚。

2. 旋腰转脊，以腰带臂。以百会穴和会阴穴连线为纵轴，身体保持中正，躯干沿该轴旋腰转脊，同时带动两臂左右摆动。

3. 一脚内收至另一脚内侧时，脚尖不点地，顺势向同侧迈步，脚尖着地。老年人或平衡能力差的人，脚内收时脚尖可以点地缓冲一下再迈步。

【意念导引】

在练习此式动作时，意想伴随身体重心的左右移动，躯干随势左旋右转、脊柱蠕动、两臂的左右屈伸摆动、两袖挥舞，犹如游龙戏水，无拘无束，欢快愉悦，从而引领练功者进入一种轻松、舒适的意境。

【易犯错误和纠正方法】

1. 松胯屈膝时，两手下按过低。

纠正方法：伴随松髋、屈膝、沉肩坠肘，两手微微下按至胸前膻中穴高度。

2. 重心左右移动时，两膝左右晃动，容易造成膝关节损伤。

纠正方法：重心移动时，有意识地使膝关节做屈伸动作，同时身体重心经后下方弧形转移，避免左右直来直去转移重心。

3. 两臂左右摆动时耸肩。

纠正方法：有意识地保持百会上领，沉肩坠肘，肩、肘、腕、指节节伸展。

4. 肩胛骨内收与外展不充分，胸椎锻炼不到位。

纠正方法：屈肘后伸时注意同侧肩胛内收，伸臂前摆时注意同侧肩胛外展，使两侧肩胛骨充分前后对拉。

【康养功效】

当今，久坐少动、伏案工作人群快速增长，而长期的前伏姿势，很容易导致脊柱变形、圆肩驼背、胸廓变小、脊柱侧弯等现象的出现。这些变化对骨骼、肌肉、神经、血管、肺功能等都会造成不良影响，严重影响身心健康。

《黄帝内经》云："骨正筋柔，气血以流。"游龙戏水的左右旋腰和脊柱蠕动练习，可以改善脊柱的僵直和腰背部软组织劳损，可以帮助恢复脊椎生理弯曲和腰背部两侧肌张力平衡，从而缓解或消除颈、肩、腰、背、腿疼痛。

两臂左右摆动时采取肩胛内收与外展的交替练习，不仅可以刺激人体较难锻炼到的肩胛内侧部位，也可增加胸椎的左右旋转幅度，有利于胸椎和胸廓保健。

两臂左右交替摆动，还可增加肩关节的活动范围，可以活血化瘀，松解粘连，对于防治肩周炎、颈椎病、肩背筋膜炎等病症具有显著康养功效。

两脚交替内收迈步等侧行步锻炼，不仅可以增强支撑腿力量，而且可以改善人体的平衡能力和协调性，对于预防跌跤和阿尔茨海默病（AD）有一定的康养价值。

第七式　仙姑献瑞

【动作方法】

动作一：两脚并拢，随着旋腰动作身体左转45度。同时，随着吸气，两臂向前方举起，至两手与肩同高，两手劳宫穴相对，大拇指微微上翘，意注少商穴。（图3-38）

动作二：继续吸气，展肩扩胸，两臂内旋外分至体侧，腕关节略高于肩关节，两掌心向外，意注膻中穴。松胯屈膝，重心移至右腿，左腿提膝绷脚，然后跷脚上步，脚跟着地。（图3-39）

图3-38

图3-39

动作三：随着呼气，两手垂按于髋关节两侧，与髋同高，掌心向下，手指向外，目视前方，意注涌泉穴。（图3-40）

图3-40

动作四：随着吸气，重心前移，左脚落实，伸膝直立。右腿提膝，大腿高于水平。两臂外旋内收，两手并拢上托，神门穴相靠，掌心朝上，目视前方。（图3-41）

动作五：随着呼气，右脚撤步下落，重心后移，身体右转至正向前。右腿屈膝，后坐，左脚脚跟着地，勾脚翘趾。同时，两臂左右平分至身体两侧，与肩同高，掌心向上，手指朝外。（图3-42）

图3-41

图3-42

动作六：随着吸气，沉肩坠肘，展肩扩胸，两臂先松沉下落，然后内旋弧形上摆，掌心向下，手指向外，目视前方。同时左脚收回，并步屈膝站立。（图3-43、图3-44）

图3-43

图3-44

动作七：随着呼气，百会上领，缓缓伸膝直立，双手自然松垂于体侧，目视前方。（图3-45）

图3-45

以上为左式动作，右式动作与左式动作相同，唯方向相反。

待练习此式动作最后一遍结束时，两脚并拢，随着呼气，百会上领，缓缓伸膝直立，双手自然松垂于体侧，目视前方。

【练习次数】

练习左式动作和右式动作各两遍。

【动作要领】

1. 两臂内旋侧分时，按展肩、扩胸、屈肘、塌腕、分掌顺序，节节外展。

2. 后坐按掌时，遵循“根节起，中节随，梢节追”原则，按沉肩、坠肘、塌腕、按掌顺序，两掌沉按。

3. 独立托掌时，上下相随。伴随伸膝直立，合手托掌，独立提膝，托掌与提膝同步进行。

4. 旋臂并步时，遵循“根节起，中节随，梢节追”原则，先沉肩，再坠肘，后旋腕上提。整个动作连贯圆活、节节贯串，意想如大鹏展翅一般。

5. 动息相随，动缓息长。此式动作中，吸气时，旋腰举臂，内旋平分；呼气时，跷脚按掌。吸气时，提膝托掌；呼气时，撤步分掌。吸气时，旋臂并步；呼气时，身起手落。

【意念导引】

仙姑，即民间传说八仙之一的何仙姑。仙姑献瑞，寓意为将天下最美好的吉祥之物奉献于整个世界，祈愿人人福寿康宁，是一种美好的祝愿。

在练习过程中，旋腰举臂时可意注少商穴，内旋分掌时意注膻中穴，跷脚下按时意注涌泉穴。

【易犯错误与纠正方法】

1. 旋腰举臂时，两掌心没有相对。

纠正方法：大拇指上翘引领，两掌劳宫穴相对。

2. 两臂内旋外分时，分掌不充分。

纠正方法：两臂在保持饱满的弧形状态下，缓缓内旋分掌，待两肩胛充分内收相靠时即止。

3. 上步时未绷脚，落步时未跷脚。

纠正方法：在练习此动作时，注意绷脚起、勾脚落，增强对踝关节的刺激。

4. 独立托掌时，耸肩、抬肘，神门穴未相靠。

纠正方法：托掌时，注意沉肩坠肘、百会上领，两臂充分外旋，掌根外缘相靠，挤压神门穴，掌心向上。

5. 旋臂提腕时，两手臂动作僵硬。

纠正方法：遵循“根节起，中节随，梢节追”的原则，先沉肩，再坠肘，后旋臂提腕，整个动作连贯圆活、节节贯串，意想如大鹏展翅一般。

【康养功效】

独立提膝的动作不仅可以增强支撑腿的力量和稳定性，而且可以有效提高腹部肌肉力量，而腹内斜肌、腹外斜肌等腹壁肌群是呼吸肌群的重要组成部分，因此通过此式左右独立提膝练习，有利于提高练习者的呼吸机能。

此外，通过两臂的内旋外撑、松沉按掌、外旋托掌、肩胛旋绕、旋臂提腕等一系列动作，不仅可以有效促进膈肌、肋间内肌、肋间外肌、背部肌群等呼吸肌的收缩和扩张，改善肺功能，而且，通过两侧肩胛的上旋、下旋、内收、外展锻炼，配合肩关节的旋动，可以促进颈、肩、背部的气血循环，有利于防治颈椎病、肩背筋膜炎、肩周炎等病症。

从中医学视角看，两臂前起、大拇指翘、内旋外分、展肩扩胸等动作，可以有效调理肺经，对于防治肺部病症具有一定康养功效。此外，提膝绷脚、跷脚上步、塌腕按掌、旋腕等技术动作，可以加强踝关节和腕关节的锻炼，调理原穴。原，是生命的本源之意，原穴是脏腑的元气经过和留止的部位。调理原穴对于防治疾病具有重要的临床意义。故《黄帝内经》有云：“五脏有疾，当取之十二原。”人体的原穴多环绕在腕关节和踝关节周围，包括太渊、大陵、神门、合谷、阳池、腕骨、太白、太冲、太溪、冲阳、丘墟、京骨十二个穴位。据此医理，通过旋臂和腕、踝关节的一系列动作练习，外导内引，可起到调理脏腑的作用。

第八式　鹤翔九霄

【动作方法】

动作一：随着吸气，百会上领，两脚跟提起，躯干正直，两臂勾手侧举，手腕高度与耳平齐。同时，转头目视侧。（图3-46）

动作二：随着呼气，松胯屈膝下蹲，两勾手变掌，按肩、肘、腕、手顺序，依次向下落手拢气，合抱于腹前，掌心向上，十指相对，指尖距离约10厘米，目视前下方。（图3-47）

图3-46

图3-47

动作三：随着吸气，重心渐渐移至右腿，伸膝直立，左腿提膝，膝关节高于大腿，呈右金鸡独立式。同时，两臂经体侧上举，手腕相靠，手心向外，目视前方。（图3-48）

动作四：随着呼气，松胯屈膝，左脚下落，并步半蹲，两臂按肩、肘、腕、手顺序，依次向下落手拢气，合抱于腹前，掌心向上，十指相对，指尖距离约10厘米，目视前下方。（图3-49）

以上为左式动作，右式动作与左式动作相同，唯方向相反。

待此式动作练习最后一遍结束时，随着呼气，两脚并拢，松胯屈膝，分掌下落与肩平（图3-50）。然后，百会上领，身起手落，两膝缓缓伸直，双手自然松垂于体侧，目视前方（图3-51）。

图3-48

图3-49

图3-50

图3-51

【练习次数】

练习左式动作和右式动作各两遍。

【动作要领】

1. 提踵勾手时，上下相随。伴随伸膝、提踵直立动作，两手经身体侧勾手上提，目视侧方。伴随松胯屈膝动作，两臂按肩、肘、腕、手顺序，依次向下落手拢气，合抱于腹前。

2. 独立上举时，以臂带腿。随着伸膝直立成金鸡独立式，举臂提膝，举臂在先，提膝在后。

3. 独立举臂时，遵循“根节起，中节随，梢节追”原则，按沉肩、坠肘、提腕、举臂顺序，两臂缓缓上举。

4. 并步屈膝时，亦遵循“根节起，中节随，梢节追”原则，先沉肩，再坠肘，后塌腕，合手拢气，动作连贯圆活、节节贯串，意想如仙鹤展翅翱翔九霄。

5. 动息相随，动缓息长。此式动作中，吸气时，提踵勾手；呼气时，屈膝合手。吸气时，提膝举臂；呼气时，屈膝合手。

【意念导引】

鹤，又名“仙鹤”，仙禽一品鸟，自古以来就是长寿的象征。九霄，又名“九重霄”，意为天空的最高处。此式动作由提踵勾手、屈膝合手、振臂提膝等技术细节组成，动息相随，轻起轻落，手臂挥舞，犹如仙鹤展翅高飞，自由翱翔，奔向九重天，给人以轻松、飘逸、舒展、愉悦的情感体验，寓意像仙鹤一样健康长寿。

【易犯错误与纠正方法】

1. 提踵与勾手配合不协调，勾手过高或过低。

纠正方法：起身时，勾手在先，提踵在后；屈膝时，落踵在先，合手在后；勾手高度与耳平齐即可。

2. 屈膝合手时跪膝，身体过于前倾或后仰。

纠正方法：屈膝合手时，膝盖不超过脚尖；身体保持中正，竖项提顶，舒胸拔背。

3. 提膝举臂时两手没有相靠，提膝腿内收不充分。

纠正方法：提膝举臂时，两手腕背部靠拢，两手屈腕内收，提膝腿尽力绷脚内扣，大腿向腹部靠拢，膝关节高于大腿。

4. 提膝举臂和屈膝合手时，两臂直起直落，关节僵硬。

纠正方法：遵循“根节起，中节随，梢节追”原则，提膝举臂时，先展肩，再提肘，后提腕；屈膝合手时，先沉肩，再坠肘，后塌腕按掌。

【康养功效】

通过手臂的外展、内收、上举、下落等一系列大幅度升降开合动作，可以增强肋间肌、膈肌等呼吸肌力量，提高肺功能。

通过绷脚提膝和独立支撑练习，不仅可以增强腿部力量，提高平衡能力，以及大脑对四肢的支配能力，而且可有效增强腹部肌群收缩，增强呼吸肌力量。

通过反复的提踵练习，可使足部、小腿、大腿、臀部、腰背等处肌肉得到强有力的锻炼，纠正脊柱生理异常，可以调理肾经和膀胱经，使周身气血循环更加通畅。

第九式　神龟贺寿

【动作方法】

动作一：接上式，重心右移，左脚提起向左迈步，两脚与肩同宽。随着吸气，两臂前举，掌心相对，拇指上翘，待两手举至与胸同高时，伴随呼气，屈肘合掌于胸前，劳宫穴与膻中穴同高，掌心相对，掌指向上，两掌相距10~15厘米，目视前方。（图3-52）

动作二：随着吸气，展肩扩胸，两掌左右分开，掌心仍相对，目视前方。（图3-53）

图3-52

图3-53

动作三：随着呼气，两掌向前推出，五指撑开，塌腕翘指，掌心向前，目视前方，势如排山倒海。（图3-54）

动作四：随着吸气，两手松腕落掌，两臂缓缓向左右两侧平分，掌心向下，掌指向外。然后，伴随两脚提踵，两手塌腕翘指，两臂

缓缓上举，使两手腕达耳朵高度即止，目视前方，势如凌空展翅。（图3-55）

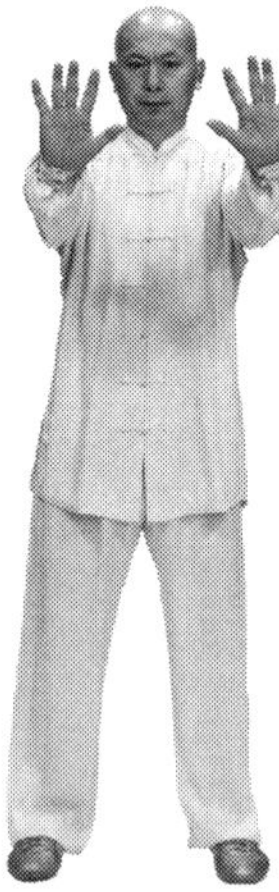
图3-54

图3-55

动作五：随着呼气，落踵平踏，两臂按肩、肘、腕顺序，缓缓下落，两手松垂体侧，目视前方，势如平沙落雁。（图3-56）

图3-56

动作六：随着吸气，两臂外旋，沿身体左右斜前方45度举臂捧气，至膻中穴高度，掌心向上（图5-57）。然后，两臂内旋屈肘，向胸前拢气，两手与膻中穴同高，距离胸部约15厘米，掌心朝向胸部，十指相对，目视前方（图3-58）。

图3-57

图3-58

动作七：随着呼气，两臂继续内旋，两手下按至腹前，掌心向下，十指相对（图3-59）。展肩扩胸，两臂分开，两手自然松垂体侧，目视前方（图3-60）。

待练习此式动作最后一遍结束时，重心右移收左脚，并步站立，两手松垂体侧，目视前方。

图3-59

图3-60

【练习次数】

首先重复练习动作一至动作五，共四遍。然后重复练习动作六至动作七，共四遍。

【动作要领】

1. 展肩扩胸时，竖项提顶，沉肩坠肘，掌心相对。

2. 两掌前推时，手指撑开，力达掌根。

3. 两掌前推时，肩胛外展，肩背后撑，形成前后对拉拔长之势。

4. 提踵与举臂，落踵与按掌，上下相随。前者，举臂在先，提踵在后；后者，落踵在先，按掌在后。

5. 动息相随，动缓息长。此式动作中，吸气时，两臂前举；呼气时，屈肘合掌。吸气时，展肩扩胸；呼气时，两掌前推。吸气时，提踵举臂；呼气时，落踵按掌。吸气时，两手捧气；呼气时，两手下按。

【意念导引】

神龟，是长寿的象征。贺，为祝福、祝愿之意。寿，指健康长寿。此式动作中的展肩扩胸、两掌前推、提踵举臂练习，犹如神龟吐纳，导气令和，引体令柔，象形取意。最终，通过循序渐进，持之以恒地练习本功法，祈愿人人健康长寿，幸福美满！

【易犯错误与纠正方法】

1. 两臂前举时，两手十指并拢。

纠正方法：手指放松，指间留有缝隙。

2. 屈肘合手时，两手过高或者过低。

纠正方法：两手劳宫穴的高度与膻中穴同高。

3. 展肩扩胸时，两手外分过大或过小。

纠正方法：展肩扩胸时，两手掌心始终相对，两手外分约至左右肩前即止。

4. 两掌前推时，身体容易前倾。

纠正方法：两掌前推时，力达掌根，两掌前推与肩背后撑相对用力，形成对拉拔长之势。

5. 提踵与举臂，落踵与按掌，不能协调一致。

纠正方法：提踵举臂时，举臂在先，提踵在后；落踵按掌时，落踵在先，按掌在后。

【康养功效】

通过展肩扩胸、前推后撑、提踵举臂、落踵按掌等动作，可提高胸廓的开合幅度，增强膈肌、肋间肌、胸部肌群、背部肌群等呼吸肌力量，改善肺通气量。

通过捧气、拢气和沉气等意念导引法，不仅有助于调匀呼吸，而且可使自己精神内敛，气定神闲，起到安神定志的康养功效。

功后礼仪：抱拳行礼

功后礼仪的动作方法、练习次数、动作要领、意念导引、易犯错误与纠正方法、康养功效等同功前礼仪。

寿城吸氧操（立式）
全套正面示范

寿城吸氧操（立式）
全套背面示范

第四章

寿城吸氧操（坐式）

功前礼仪：抱拳行礼

动作一：正身端坐，两脚分开与肩同宽，小腿与地面垂直，两手自然置于两膝关节上方，下颏微收，虚领顶劲，沉肩坠肘，舒指展掌，舒胸拔背，松腰敛臀，涌泉踏地，舌抵上颚，唇齿微合，呼吸徐缓，气定神敛，目视前方，意守丹田。（图4-1）

图4-1

动作二：随着吸气，两臂缓缓上举，待两臂举至胸部高度时，微微屈肘于胸前呈抱拳礼，两臂呈饱满的弧形，右手握空心拳，左手为掌，左手掌指关节轻覆于右手拳棱处，拳眼斜向内，与天突穴同高，目视前方。（图4-2、图4-2侧）

图4-2

图4-2侧

动作三：随着呼气，保持抱拳礼姿势不变，躯干前俯45度，躬身行礼，目视拳眼方向，静止2秒。（图4-3、图4-3侧）

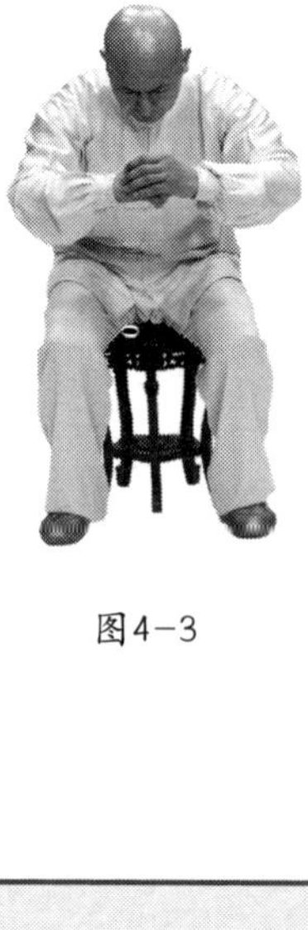
图4-3

图4-3侧

动作四：随着吸气，保持抱拳礼姿势不变，躯干缓缓直立，目视前方。（图4-4）

动作五：随着呼气，两手分开，两臂沿举臂路线原路返回，自然松垂体侧。（图4-5）

图4-4

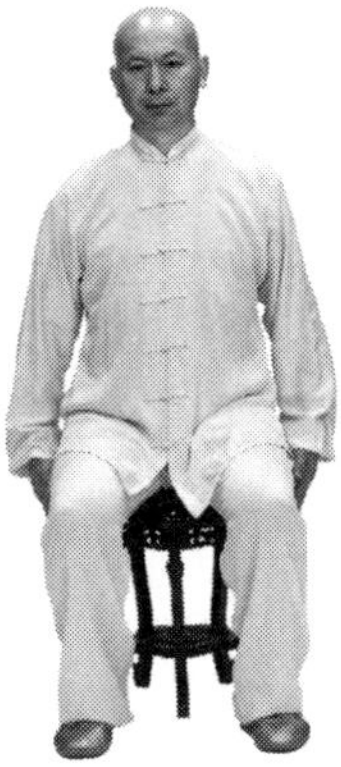

图4-5

寿城吸氧操（坐式）的练习次数、动作要领、意念导引、易犯错误与纠正方法、康养功效等基本同寿城吸氧操（立式），下同。

第一式 紫气东升

动作一：随着吸气，两臂沿身体两侧缓缓上举，待与肩平齐时外旋，翻转掌心向上合抱。举至斜上方45度，两手掌心向内，劳宫穴相对。（图4-6）

图4-6

动作二：随着呼气，屈肘下按，两掌经面部、胸部按至腹前，与关元穴同高。两肘微屈，掌心向下，手指相对，相距约10厘米，腋下涵空（图4-7）。然后，两肩胛内收，两臂外展，松腕舒指，十指松垂于体侧，目视前方（图4-8）。

图4-7

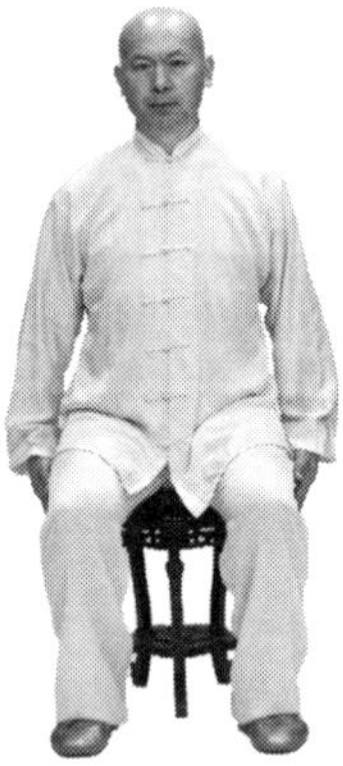

图4-8

第二式　乾坤交泰

动作一：随着吸气，两掌上托，待托至胸部膻中穴高度后，两臂内旋上撑，两手虎口处经耳部外侧向上托举，两臂微屈，十指相对，掌心向上，目视前方。（图4–9~图4–12）

动作二：随着呼气，两臂侧分，沉肩、坠肘、塌腕、按掌至与肩平，最后，两手拢气合手于腹前，与关元穴同高。（图4–13、图4–14）

图4–9

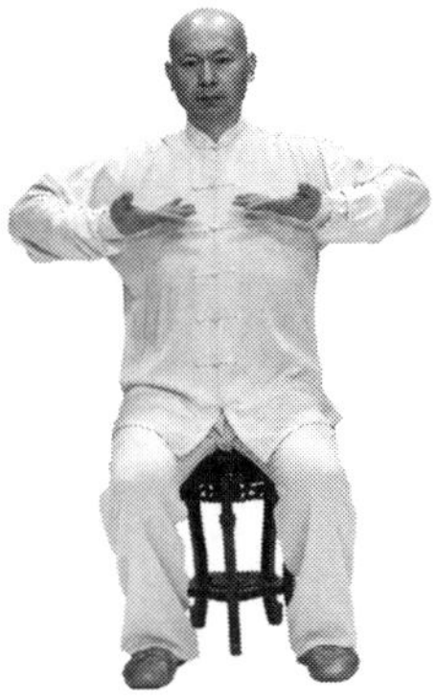

图4–10

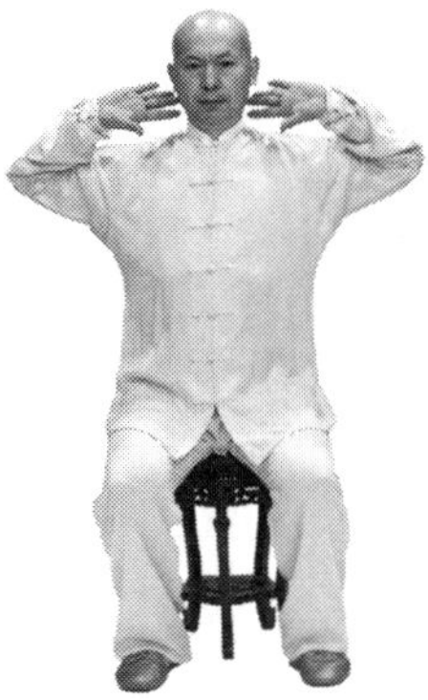

图4–11

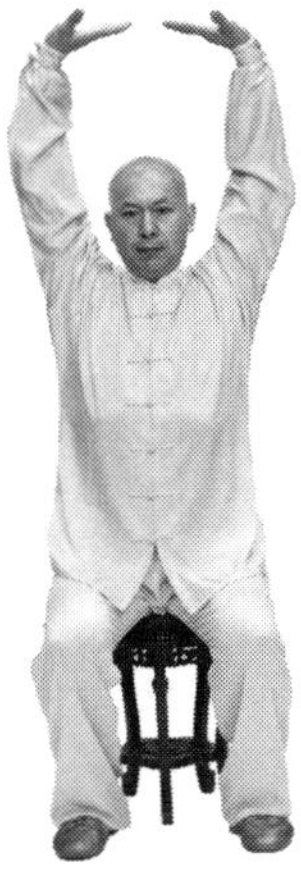

图4–12

图4–13

图4–14

待练习此式动作最后一遍结束时，两手自然松垂于体侧，目视前方。（图4-15）

图4-15

第三式　潜龙出海

动作一：接上式，随着吸气，双手握拳抱于腰间，拳心向上，挺胸展腹，两肘后夹，目视前方。（图4-16）

图4-16

动作二：随着呼气，依次向右旋腰、转脊、转颈。左手向右前伸展到极限，手心向上。同时，下颌微收，目随手动，向右转头，眼睛沿着指尖方向极目远望。（图4-17）

动作三：随着吸气，上体转正。同时，左手掌心轻贴右耳，经脑后，立掌置于左肩前，拇指对准云门穴，展肩扩胸，目视前方。（图4-18）

动作四：随着呼气，左手向左弧形推掌，左臂微屈，手腕与肩平，塌腕翘掌，掌指向上，掌心向左，力达掌根。同时，下颌微收，目随手动，眼神掠过左手中指尖上方极目远望，微停片刻。（图4-19）

图4-17

图4-18

图4-19

动作五：自然呼吸，左臂自然下落，十指松垂。同时，下颌内收，头部转正，目视前方（图4-20）。然后，随着吸气，左臂屈肘，握拳抱于腰间，目视前方（图4-21）。

图4-20

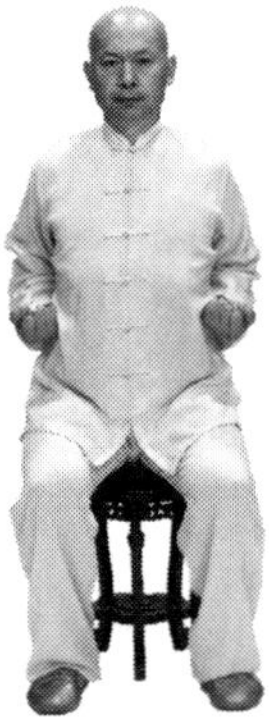

图4-21

以上为左式动作，右式动作与左式动作相同，唯方向相反。待练习此式动作最后一遍结束时，正身端坐，两手松垂体侧，目视前方。（图4-22）

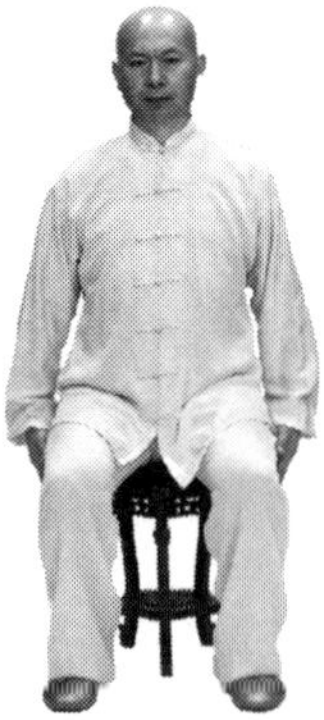

图4-22

第四式　金狮揉球

动作一：自然呼吸，正身端坐，百会虚领，两掌拢气合手于腹前，与关元穴同高，十指相对，约距10厘米，掌心向上，目视前下方。（图4-23）

动作二：自然呼吸，上体右转，同时两臂右摆至身体右侧，两手呈抱球状，目视两手之间。（图4-24）

图4-23

图4-24

动作三：自然呼吸，身体左转，两臂左摆至身体左侧，两手呈抱球状，目视两手之间。（图4-25）

动作四：随着吸气，腰部先微微向左后方旋转，紧接着顺势右转，展胸挺腰，两臂上举，两手仍呈抱球状举至头部上方，微微仰头，目视两手之间。（图4-26）

动作五：随着呼气，躯干保持面向前方，向右慢慢折体，待躯干侧倾至与水平面呈45度夹角时停止，脊柱呈“C”形。右臂约呈水平，手心向上，左臂上臂贴近左耳，手心向下，两掌心相对，目视两手之间。（图4-27）

动作六：随着吸气，腰部先微微向右后方旋转，再顺势左转，展胸挺腰，两臂上举，两手仍呈抱球状举至头部上方，微微仰头，目视两手之间。（图4-28）

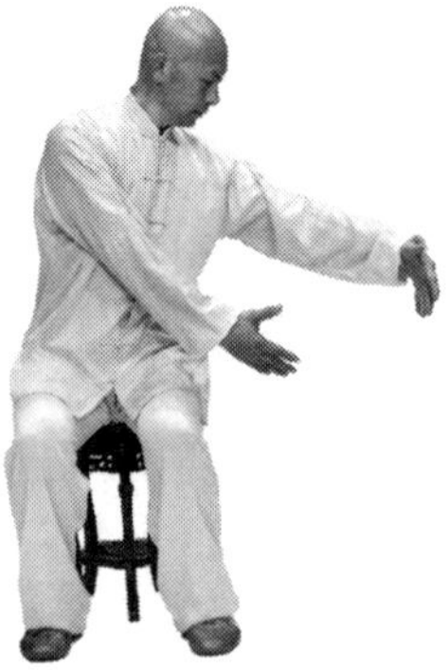

图4-25

图4-26

图4-27

图4-28

以上为左式动作，右式动作与左式动作相同，唯方向相反。

待练习此式动作最后一遍结束时，随着呼气，两手经面前缓缓下按至腹前，正身端坐，两手自然松垂体侧，目视前方。（图4-29、图4-30）

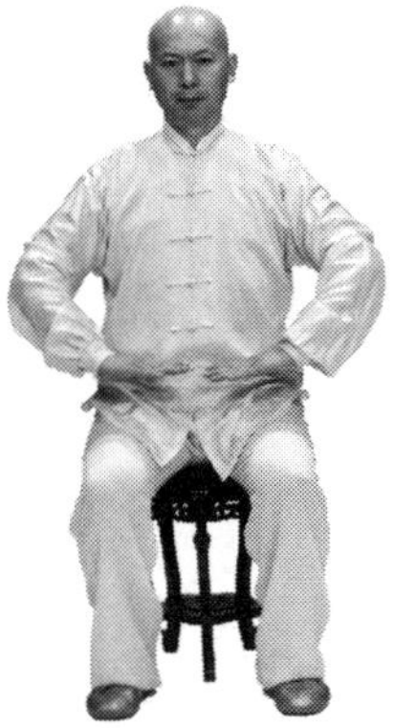

图4-29

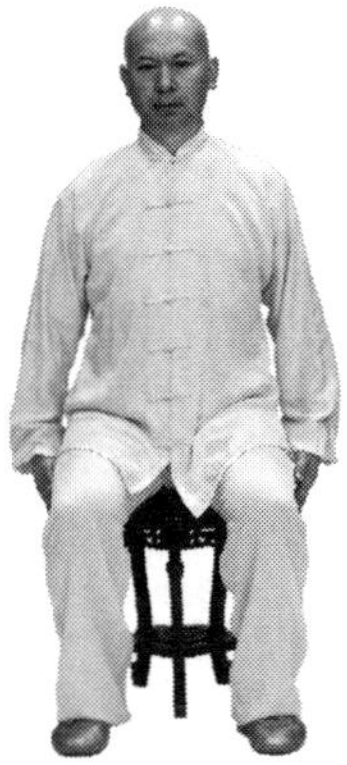

图4-30

第五式　丹凤朝阳

动作一：正身端坐，随着吸气，两手于体前外旋上托，手与肩同高，两手间距与肩同宽。（图4-31）

动作二：随着呼气，上体微微左转，两手内旋后摆，目视左手方向，展肩扩胸。（图4-32）

动作三：随着吸气，两臂先侧展，再上举，然后于头部左右上方抖腕撑掌，形成饱满的弧形，十指相对，目视两手之间。（图4-33）

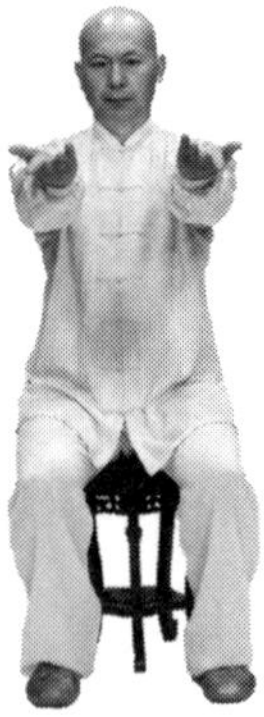

图4-31

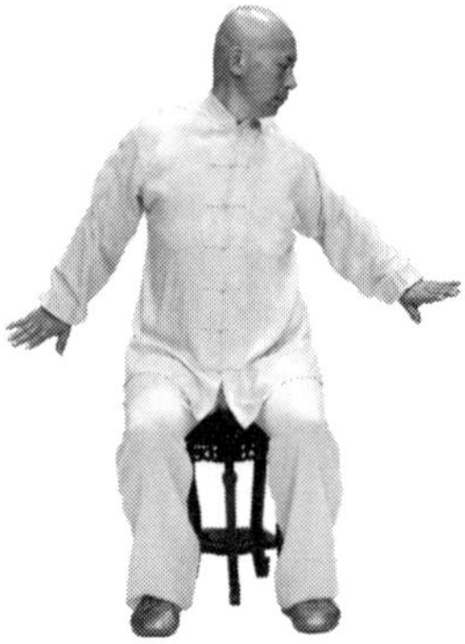

图4-32

图4-33

动作四：随着呼气，按沉肩、坠肘、塌腕、按掌顺序，两臂缓缓沿左右两侧分开下落，与肩同高，目视前方。（图4-34）

动作五：百会上领，身体中正，两臂自然松垂于体侧，目视前方。（图4-35）

图4-34

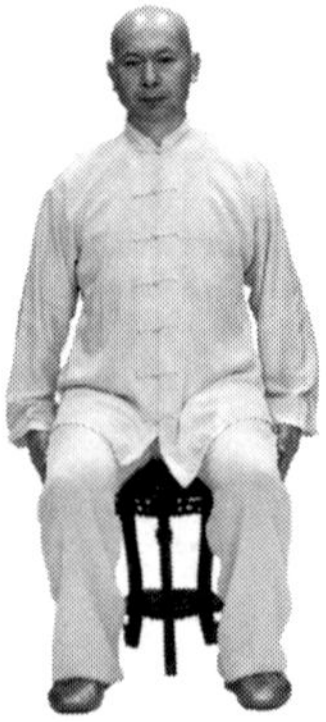

图4-35

以上为左式动作，右式动作和左式动作相同，唯方向相反。待练习此式动作最后一遍结束时，正身端坐，两手松垂体侧，目视前方。

第六式　游龙戏水

动作一：正身端坐，随着吸气，两臂上掤，与肩同高同宽，掌心向下，目视前方。（图4-36）

动作二：随着呼气，百会上领，两手缓缓按至胸前，与膻中穴同高，掌心向下，目视前方。（图4-37）

图4-36

图4-37

动作三：随着吸气，向左旋腰，带动两臂左摆。左肩胛骨内收，左臂屈肘向后摆动，掌心向下；同时，右肩胛骨外展，右臂前伸左摆至左前方45度，掌心向下，目视左前方。（图4-38、图4-38侧）

图4-38

图4-38侧

动作四：随着呼气，向右旋腰，带动两臂右摆。右肩胛骨内收，右臂屈肘向后摆动，掌心向下；同时，左肩胛骨外展，左臂前伸右摆至右前方45度，掌心向下，目视右前方。（图4-39、图4-39侧）

图4-39

图4-39侧

重复练习动作三和动作四各六遍，待练习此式动作最后一遍结束时，两臂前伸，高与肩平，与肩等宽，手心向下（图4-40）。然后，两手缓缓下按，自然松垂体侧，目视前方（图4-41）。

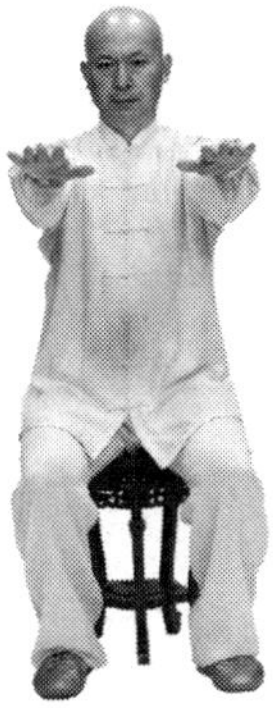

图4-40

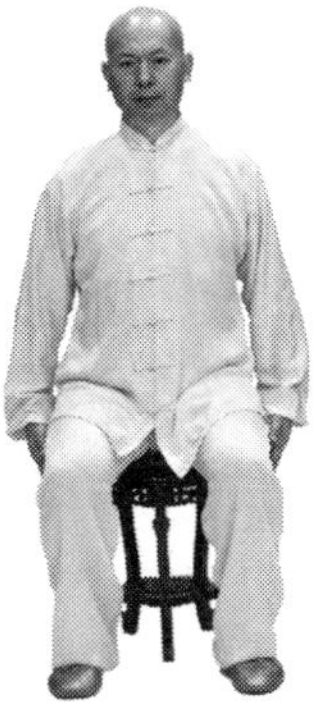

图4-41

第七式　仙姑献瑞

动作一：正身端坐，随着吸气，两臂缓缓前举，两手劳宫穴相对，大拇指微微上翘，两手与肩同高。（图4-42）

动作二：继续吸气，展肩扩胸，两臂内旋外分至体侧，腕关节略高于肩关节，两掌心向外。（图4-43）

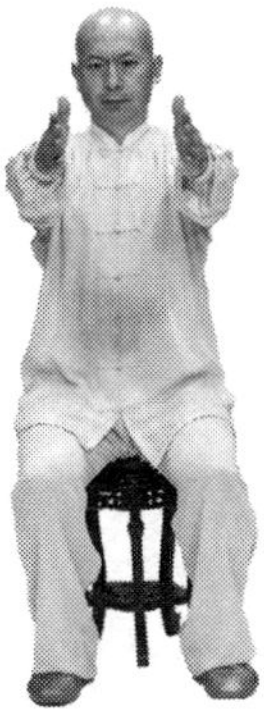

图4-42

图4-43

动作三：随着呼气，沉肩、坠肘、塌腕、按掌于髋关节外侧，两手与髋关节同高，掌心向下，手指向外，目视前方。（图4-44）

图4-44

动作四：随着吸气，两臂外旋内收，两手并拢上托，神门穴相靠，掌心朝上。同时，左腿提膝，膝关节高于大腿，目视前方。（图4-45）

动作五：随着呼气，左脚落地还原。同时，两臂左右平分至身体两侧，与肩同高，掌心向上，手指朝外。（图4-46）

图4-45

图4-46

动作六：随着吸气、沉肩、坠肘、展肩扩胸，两臂先松沉下落，再向后，然后内旋向上弧形摆臂提腕，掌心向下，手指向外，目视前方。（图4-47、图4-48）

图4-47

图4-48

动作七：随着呼气，百会上领，身体中正，沉肩按掌，两手自然松垂于体侧，目视前方。（图4-49）

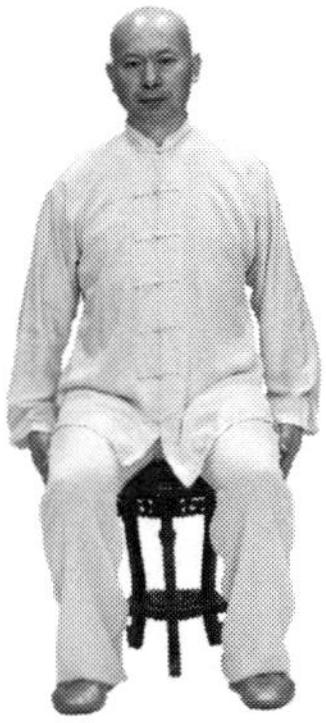

图4-49

以上为左式动作，右式动作与左式动作相同，唯方向相反。

待练习此式动作最后一遍结束时，正身端坐，百会上领，双手自然松垂于体侧，目视前方。

第八式　鹤翔九霄

动作一：随着吸气，百会上领，两脚跟提起，躯干正直，两臂侧举，勾手，手腕高度与耳平齐。同时，转头目视左勾手方向。（图4-50）

动作二：随着呼气，两勾手变掌，按肩、肘、腕、手顺序，依次向下落手拢气，合抱于腹前，掌心向上，十指相对，指尖距离约10厘米，目视前下方。（图4-51）

图4-50

图4-51

动作三：随着吸气，左腿提膝，膝关节高于大腿，似呈右金鸡独立式。同时，两臂经体侧上举，手腕相靠，手心向外，目视前方。（图4-52）

动作四：随着呼气，两臂按肩、肘、腕、手顺序，依次向下落手拢气，合抱于腹前，掌心向上，十指相对，指尖距离约10厘米，目视前下方。（图4-53）

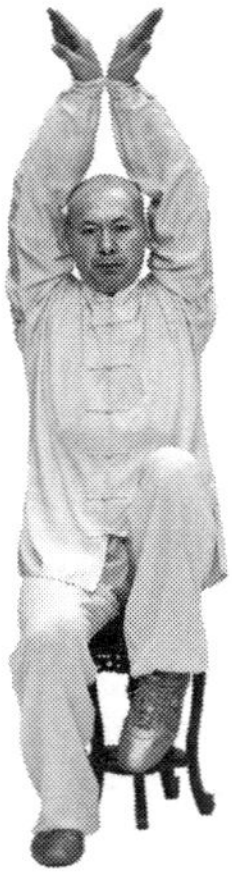

图4-52

图4-53

以上为左式动作，右式动作与左式动作相同，唯方向相反。

待练习此式动作最后一遍结束时，随着呼气，百会上领，沉肩按掌，双手自然松垂于体侧，目视前方。（图4-54）

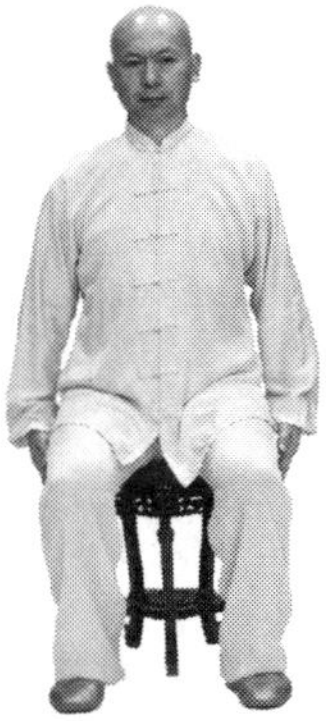

图4-54

第九式　神龟贺寿

动作一：接上式，正身端坐，随着吸气，两臂前举，掌心相对，拇指上翘。待两手举至与胸同高时，伴随呼气，屈肘合掌于胸前，劳宫穴与膻中穴同高，掌心相对，掌指向上，两掌相距10~15厘米，目视前方。（图4-55、图4-56）

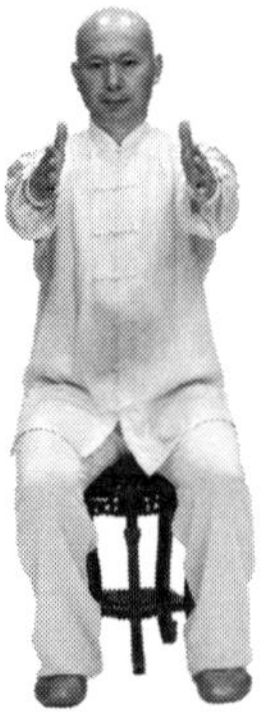

图4-55

图4-56

动作二：随着吸气，展肩扩胸，两掌左右分开，掌心仍相对，目视前方。（图4-57）

图4-57

动作三：随着呼气，两掌向前推出，五指撑开，塌腕翘指，掌心向前，目视前方，势如排山倒海。（图4-58）

动作四：随着吸气，两手松腕落掌，两臂缓缓向左右两侧平分，掌心向下，掌指向外；然后，伴随两脚提踵，两手塌腕翘指，两臂缓缓上举，使两手腕达耳朵高度即止，目视前方。（图4-59）

动作五：随着呼气，落踵平踏，两臂按肩、肘、腕顺序，缓缓下落，两手松垂体侧，目视前方，势如平沙落雁。（图4-60）

图4-58

图4-59

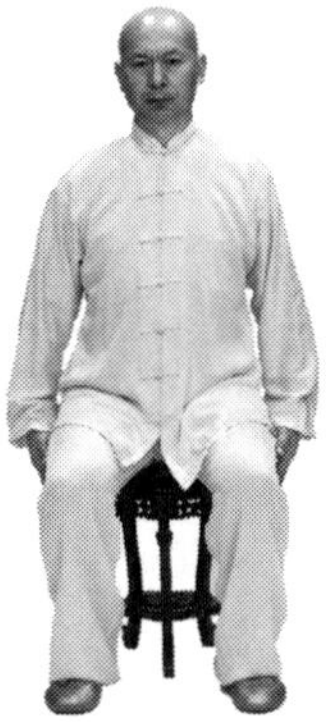

图4-60

动作六：随着吸气，两臂先外旋，然后向前捧气，至膻中穴高度，掌心向上。然后，两臂内旋屈肘，向胸前拢气，两手与膻中穴同高，距离胸部约15厘米，掌心朝向胸部，十指相对，目视前方。（图4-61、图4-62）

图4-61

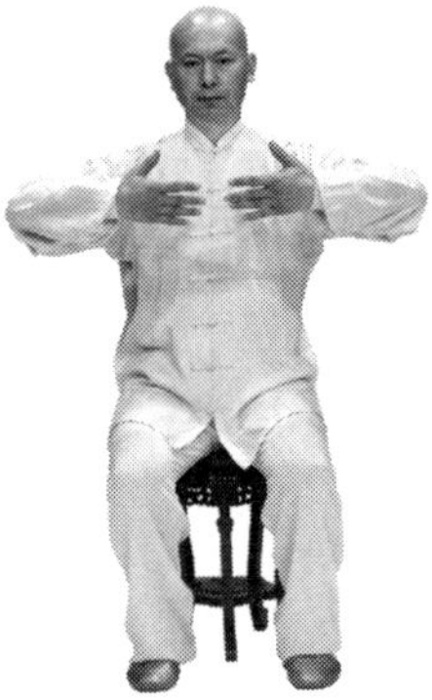

图4-62

动作七：随着呼气，两臂继续内旋，两手下按至腹前，掌心向下，十指相对（图4-63）。展肩扩胸，两臂分开，两手自然松垂体侧，目视前方（图4-64）。

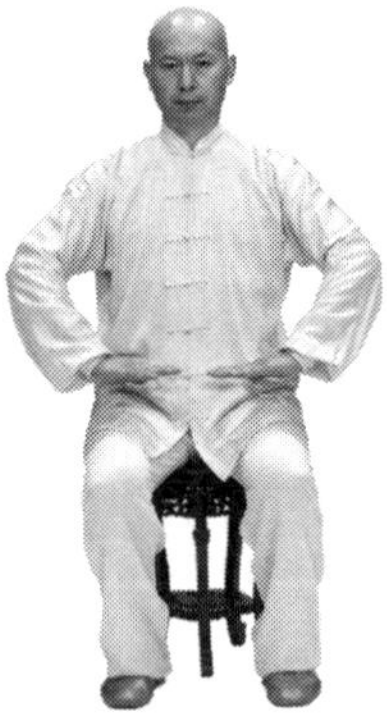

图4-63

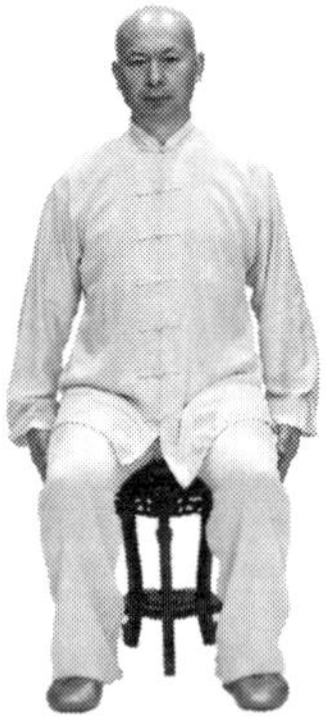

图4-64

待练习此式动作最后一遍结束时，正身端坐，两手自然松垂体侧，目视前方。

功后礼仪：抱拳行礼

功后礼仪的动作方法、练习次数、动作要领、意念导引、易犯错误与纠正方法、康养功效等同功前礼仪。

寿城吸氧操（坐式）
全套动作演示

第五章

寿城吸氧操导引词

第一节　寿城吸氧操（立式）导引词

现在开始练习寿城吸氧操，请大家并步站立，松静自然，呼吸徐缓，气定神敛。

功前礼仪

随着吸气，并步抱拳；
随着呼气，躬身行礼；
随着吸气，立身还原；
随着呼气，两臂垂落。

紫气东升

松胯开步，随着吸气，两臂侧举；
随着呼气，气贯周身，共做四遍；
并步还原。

乾坤交泰

松胯合手，提脚开步；
随着吸气，旋臂上撑；
随着呼气，马步沉按；
接做右式动作。随着吸气，旋臂上撑；
随着呼气，马步沉按；
左右重复练习各两遍；
并步还原。

潜龙出海

随着吸气，抱拳扩胸；
随着呼气，左转穿掌；
随着吸气，掌抱昆仑；
随着呼气，转头侧推；
接做右式动作，左右练习各两遍；
并步还原。

金狮揉球

松胯合手，开左步右摆臂；
随着吸气，收右脚左摆臂，旋腰举臂；
随着呼气，开胯折体；
随着吸气，旋腰举臂；
接做右式动作，左右练习各两遍；
并步还原。

丹凤朝阳

随着吸气，向左开步，旋臂托掌；
随着呼气，叉步后摆；
随着吸气，振臂抖腕；
随着呼气，沉肩按掌；
接做右式动作，左右练习各两遍；
并步还原。

游龙戏水

随着吸气，向左开步，两臂上掤；
随着呼气，松胯沉按；
随着吸气，旋腰左摆；
随着呼气，旋腰右摆；
随着吸气，旋腰左摆，收右脚；
随着呼气，继续左摆，向右开步；
接做右式动作，左右练习各两遍；
并步还原。

仙姑献瑞

随着吸气，旋腰举臂，内旋平分；
随着呼气，跷脚按掌；
随着吸气，提膝托掌；
随着呼气，撤步分掌；
随着吸气，并步旋臂；

随着呼气，身起手落；
接做右式动作，左右练习各两遍；
并步还原。

鹤翔九霄

随着吸气，提踵勾手；
随着呼气，屈膝合手；
随着吸气，提膝举臂；
随着呼气，并步合手；
接做右式动作，左右练习各两遍；
并步还原。

神龟贺寿

自然呼吸，向左开步；
随着吸气，两臂前举；
随着呼气，胸前合手；
随着吸气，展肩扩胸；
随着呼气，两掌前推；
随着吸气，塌腕提踵；
随着呼气，落踵按掌；
重复练习四遍；
随着吸气，两手拢气；
随着呼气，气沉丹田；
重复练习四遍；
并步还原。

功后礼仪

并步抱拳，躬身行礼，立身还原。

练功到此结束，祝大家身心健康，生活幸福！

第二节　寿城吸氧操（坐式）导引词

现在开始练习坐式寿城吸氧操，请大家正身端坐，松静自然，呼吸徐缓，气定神敛。

功前礼仪

随着吸气，端坐抱拳；
随着呼气，躬身行礼；
随着吸气，立身还原；
随着呼气，两臂垂落。

紫气东升

随着吸气，两臂侧举；
随着呼气，气贯周身；
重复练习四遍；
垂手端坐。

乾坤交泰

随着吸气，旋臂上撑；
随着呼气，沉肩按掌；

重复练习四遍；

垂手端坐。

潜龙出海

随着吸气，抱拳扩胸；

随着呼气，右转穿掌；

随着吸气，掌抱昆仑；

随着呼气，转头侧推；

接做右式动作，左右练习各两遍；

垂手端坐。

金狮揉球

自然呼吸，右转摆臂；

随着吸气，旋腰举臂；

随着呼气，向右折体；

随着吸气，旋腰举臂；

随着呼气，左转落手；

接做右式动作，左右练习各两遍；

垂手端坐。

丹凤朝阳

随着吸气，旋臂托掌；

随着呼气，左转后摆；

随着吸气，振臂抖腕；

随着呼气，沉肩按掌；
接做右式动作，左右练习各两遍；
垂手端坐。

游龙戏水

随着吸气，两臂上掤；
随着呼气，沉肩按掌；
随着吸气，旋腰左摆；
随着呼气，旋腰右摆；
重复练习六遍；
垂手端坐。

仙姑献瑞

随着吸气，举臂分掌；
随着呼气，沉肩按掌；
随着吸气，提膝托掌；
随着呼气，落脚分掌；
随着吸气，旋臂提腕；
随着呼气，沉肩按掌；
接做右式动作，左右练习各两遍；
垂手端坐。

鹤翔九霄

随着吸气，提踵勾手；

随着呼气，沉肩合手；
随着吸气，提膝举臂；
随着呼气，沉肩按掌；
接做右式动作，左右练习各两遍；
垂手端坐。

神龟贺寿

随着吸气，两臂前举；
随着呼气，胸前合手；
随着吸气，展肩扩胸；
随着呼气，两掌前推；
随着吸气，塌腕提踵；
随着呼气，落踵按掌；
重复练习四遍；
随着吸气，两手拢气；
随着呼气，气沉丹田；
重复练习四遍；
垂手端坐。

功后礼仪

端坐抱拳，躬身行礼，立身还原。
练功到此结束，祝大家身心健康，生活幸福！

第三节　寿城吸氧操（立式）分解动作名称

功前礼仪：抱拳行礼

动作一：并步抱拳
动作二：躬身行礼
动作三：立身还原

第一式　紫气东升

动作一：松胯开步
动作二：两臂侧举（吸气）
动作三：屈肘沉按（呼气）
动作四：两臂侧举（吸气）
动作五：屈肘沉按（呼气）
动作六：两臂侧举（吸气）
动作七：屈肘沉按（呼气）
动作八：两臂侧举（吸气）
动作九：屈肘沉按（呼气）
动作十：并步还原

第二式　乾坤交泰

动作一：松胯合手（自然呼吸）
动作二：提脚开步（开左步）
动作三：旋臂上撑 （吸气）

动作四：松胯沉按（呼气）
动作五：并步合手（自然呼吸）
动作六：松胯开步（开右步）
动作七：旋臂上撑（吸气）
动作八：松胯沉按（呼气）
动作九：并步合手（自然呼吸）
重复练习动作二至九，共两遍，收势动作为并步还原。

第三式　潜龙出海

动作一：并步抱拳（吸气）
动作二：旋腰穿掌（呼气，右转身）
动作三：掌抱昆仑（吸气）
动作四：转头侧推（呼气，左推掌）
动作五：抱拳还原（吸气）
动作六：旋腰穿掌（呼气，左转身）
动作七：掌抱昆仑（吸气）
动作八：转头侧推（呼气，右推掌）
动作九：抱拳还原（吸气）
重复练习动作二至九，共两遍，收势动作为并步还原。

第四式　金狮揉球

动作一：松胯合手
动作二：开步摆臂（左开步）
动作三：收脚（右脚）摆臂+旋腰举臂（吸气）

动作四：开胯折体（呼气）
动作五：旋腰举臂（吸气）
动作六：开步摆臂（呼气）
动作七：收脚（左脚）+旋腰举臂（吸气）
动作八：开胯折体（呼气）
动作九：旋腰举臂（吸气）
重复练习动作二至九，共两遍，收势动作为并步还原。

第五式　丹凤朝阳

动作一：松胯开步+旋臂托掌（吸气，左开步）
动作二：叉步后摆（呼气，左叉步）
动作三：振臂抖腕　（吸气，翘首望月）
动作四：两臂侧分　（呼气）
动作五：并步还原
动作六：松胯开步+旋臂托掌（吸气，右开步）
动作七：叉步后摆（呼气，右叉步）
动作八：振臂抖腕（吸气，翘首望月）
动作九：两臂侧分（呼气）
动作十：并步还原
重复练习动作一至十，共两遍，收势动作为并步还原。

第六式　游龙戏水

动作一：松胯开步（左开步）+两臂上掤（吸气）
动作二：松胯沉按（呼气）

动作三：旋腰左摆（吸气）、旋腰右摆（呼气）、旋腰左摆+收脚（吸气，收右脚）

动作四：松胯开步（呼气，右开步）

动作五：旋腰右摆（吸气）、旋腰左摆（呼气）、旋腰右摆+收脚（吸气，收左脚）

动作六：松垮开步（呼气，左开步）

重复练习动作三至六，共两遍，收势动作为并步还原。

第七式　仙姑献瑞

动作一：旋腰举臂+内旋平分（吸气，左转身）

动作二：跷脚按掌（呼气）

动作三：提膝托掌（吸气）

动作四：撤步分掌（呼气）

动作五：旋臂并步（吸气）

动作六：身起手落（呼气）

动作七：旋腰举臂+内旋平分（吸气，右转身）

动作八：跷脚按掌（呼气）

动作九：提膝托掌（吸气）

动作十：撤步分掌（呼气）

动作十一：旋臂并步（吸气）

动作十二：身起手落（呼气）

重复练习动作一至十二，共两遍，收势动作为并步还原。

第八式　鹤翔九霄

动作一：提踵勾手（吸气，左看）

动作二：屈膝合手（呼气）
动作三：提膝举臂（吸气）
动作四：并步合手（呼气）
动作五：提踵勾手（吸气，右看）
动作六：屈膝合手（呼气）
动作七：提膝举臂（吸气）
动作八：并步合手（呼气）
重复练习动作一至八，共两遍，收势动作为并步还原。

第九式　神龟贺寿

动作一：松胯开步（左开步）
动作二：两臂前举（吸气）
动作三：胸前合手（呼气）
动作四：展肩扩胸（吸气）
动作五：两掌前推（呼气）
动作六：两臂侧分+提踵挑掌（吸气）
动作七：落踵按掌（呼气）
重复练习动作二至七，共四遍。
动作八：两手捧气+胸前拢气（吸气）
动作九：沉气按掌（呼气）
重复练习动作八至九，共四遍，收势动作为并步收势。

功后礼仪：抱拳行礼

动作一：并步抱拳

动作二：躬身行礼
动作三：立身还原

第四节　寿城吸氧操（坐式）分解动作名称

功前礼仪：抱拳行礼

动作一：端坐抱拳
动作二：躬身行礼
动作三：立身还原

第一式　紫气东升

动作一：两臂侧举（吸气）
动作二：屈肘沉按（呼气）
动作三：两臂侧举（吸气）
动作四：屈肘沉按（呼气）
动作五：两臂侧举（吸气）
动作六：屈肘沉按（呼气）
动作七：两臂侧举（吸气）
动作八：屈肘沉按（呼气）
动作九：垂手端坐

第二式　乾坤交泰

动作一：旋臂上撑（吸气）

动作二：沉肩按掌（呼气）
动作三：旋臂上撑（吸气）
动作四：沉肩按掌（呼气）
动作五：旋臂上撑（吸气）
动作六：沉肩按掌（呼气）
动作七：旋臂上撑（吸气）
动作八：沉肩按掌（呼气）
动作九：垂手端坐
重复练习动作一至九，共两遍，收势动作为垂手端坐。

第三式　潜龙出海

动作一：抱拳扩胸（吸气）
动作二：旋腰穿掌（呼气，右转身）
动作三：掌抱昆仑（吸气）
动作四：转头侧推（呼气，左推掌）
动作五：抱拳还原（吸气）
动作六：旋腰穿掌（呼气，左转身）
动作七：掌抱昆仑（吸气）
动作八：转头侧推（呼气，右推掌）
重复练习动作一至八，共两遍，收势动作为垂手端坐。

第四式　金狮揉球

动作　：右转摆臂（自然呼吸）
动作二：旋腰举臂（左旋，吸气）

动作三：右倾折体（呼气）
动作四：旋腰举臂（右旋，吸气）
动作五：左转摆臂（呼气）
动作六：旋腰举臂（右旋，吸气）
动作七：左倾折体（呼气）
动作八：旋腰举臂（左旋，吸气）
重复练习动作一至八，共两遍，收势动作为垂手端坐。

第五式　丹凤朝阳

动作一：旋臂托掌（吸气）
动作二：左转后摆（呼气）
动作三：振臂抖腕（吸气）
动作四：沉肩按掌（呼气）
动作五：旋臂托掌（吸气）
动作六：右转后摆（呼气）
动作七：振臂抖腕（吸气）
动作八：沉肩按掌（呼气）
重复练习动作一至八，共两遍，收势动作为垂手端坐。

第六式　游龙戏水

动作一：两臂上掤（吸气）
动作二：沉肩按掌（呼气）
动作三：旋腰左摆（吸气）
动作四：旋腰右摆（呼气）

重复练习动作三至四，共六遍，收势动作为垂手端坐。

第七式　仙姑献瑞

动作一：举臂分掌(吸气)
动作二：沉肩按掌（呼气）
动作三：提膝托掌（提左膝，吸气）
动作四：落脚分掌（呼气）
动作五：旋臂提腕（吸气）
动作六：沉肩按掌（呼气）
动作七：举臂分掌(吸气)
动作八：沉肩按掌（呼气）
动作九：提膝托掌（提右膝，吸气）
动作十：落脚分掌（呼气）
动作十一：旋臂提腕（吸气）
动作十二：沉肩按掌（呼气）
重复练习动作一至十二，共两遍，收势动作为垂手端坐。

第八式　鹤翔九霄

动作一：提踵勾手（左看，吸气）
动作二：落踵合手（呼气）
动作三：提膝举臂（提左膝，吸气）
动作四：落脚合手（呼气）
动作五：提踵勾手（右看，吸气）
动作六：落踵合手（呼气）

动作七：提膝举臂（提右膝，吸气）
动作八：落脚合手（呼气）
重复练习动作一至八，共两遍，收势动作为垂手端坐。

第九式　神龟贺寿

动作一：两臂前举（吸气）
动作二：胸前合手（呼气）
动作三：展肩扩胸（吸气）
动作四：两掌前推（呼气）
动作五：提踵挑掌（吸气）
动作六：落踵按掌（呼气）
重复练习动作一至六，共四遍，收势动作为垂手端坐。
动作七：两手捧气（吸气）
动作八：屈肘按掌（呼气）
重复练习动作七至八，共四遍，收势动作为垂手端坐。

功后礼仪：抱拳行礼

动作一：端坐抱拳
动作二：躬身行礼
动作三：立身还原

参考文献

[1] 王晓军.中医运动处方理论及其治疗个案研究[M].北京：北京体育大学出版社，2013.

[2] 杜玉开，徐勇.“健康中国2030”规划纲要指标解析[M].北京：人民卫生出版社，2013.

[3] 王冰.黄帝内经[M].北京：中医古籍出版社，2003.

[4] 于天源，王晓军.伤科推拿学[M].北京：北京体育大学出版社，2013.

[5] 曲绵域，高云秋，浦钧宗，等.实用运动医学[M].北京：北京科学技术出版社，1996.

[6] 贺州市地方志编纂委员会.贺州志[M].南宁：广西人民出版社，2001.

[7] 辞海编辑委员会.辞海[M].上海：上海辞书出版社，1999.

[8] 沈雪勇.经络腧穴学[M].北京：中国中医药出版社，2007.

[9] 王琦.中医体质学[M].北京：人民卫生出版社，2005.

[10] 陈景藻.康复医学[M].北京：高等教育出版社，2002.

[11] 杨静宜，戴红.体疗康复[M].北京：北京体育大学出版社，1996.

[12] 王旭东.中医养生康复学[M].北京：中国中医药出版社，2004.

[13] 吴志超，胡晓飞.导引养生史论稿[M].北京：北京体育大学出版社，1996.

[14] 王燕池，郭霞珍.中医基础理论[M].北京：科学出版社，2002.

[15] 荣湘江，姚鸿恩.体育康复学[M].北京：人民体育出版社，2005.

[16] 王正珍.ACSM运动测试与运动处方指南[M].北京：人民卫生出版社，2013.

[17] 刘晓峰.诸侯源病论新校版·内容提要[M].北京：人民军医出版社，2000.

[18] 刘天君.中医气功学[M].北京：中国中医药出版社，2012.

[19] 王瑞元.运动生理学[M].北京：人民体育出版社，2002.

附录：养生拍打功

功前礼仪：抱拳行礼

第一式　双拍环跳

第二式　双拍风市

第三式　双拍血海

第四式　双拍鹤顶

第五式　轮拍肩井
云门 大包 气海

第六式　轮拍极泉

第七式　勾踢长强

第八式　勾踢小海

第九式　提膝抄脚

功后礼仪：抱拳行礼

养生拍打功
全套动作演示

2017年10月28日，万人共演寿城吸氧操，成功挑战吉尼斯世界纪录现场

2018年9月7日，寿城吸氧操应邀亮相中央电视台

2018年王晓军教授在欧洲讲授寿城吸氧操

寿城吸氧操在广西遍地开花

广西壮族自治区政府办公厅

南宁市

走进校园（贺州市）

北海市

凭祥市

贵港市

崇左市

寿城吸氧操在广西遍地开花

河池市

钦州市

梧州市

贺州市

作者与百岁老人于贺州长寿阁共练寿城吸氧操后合影

微信扫码　看精彩视频

寿城吸氧操（立式）
功前礼仪

寿城吸氧操（立式）
第一式　紫气东升

寿城吸氧操（立式）
第二式　乾坤交泰

寿城吸氧操（立式）
第三式　潜龙出海

寿城吸氧操（立式）
第四式　金狮揉球

寿城吸氧操（立式）
第五式　丹凤朝阳

寿城吸氧操（立式）
第六式　游龙戏水

寿城吸氧操（立式）
第七式　仙姑献瑞

寿城吸氧操（立式）
第八式　鹤翔九霄

寿城吸氧操（立式）
第九式　神龟贺寿

寿城吸氧操（立式）
功后礼仪

寿城吸氧操（立式）
全套动作演示

微信扫码　看精彩视频

寿城吸氧操（坐式）
功前礼仪

寿城吸氧操（坐式）
第一式　紫气东升

寿城吸氧操（坐式）
第二式　乾坤交泰

寿城吸氧操（坐式）
第三式　潜龙出海

寿城吸氧操（坐式）
第四式　金狮揉球

寿城吸氧操（坐式）
第五式　丹凤朝阳

寿城吸氧操（坐式）
第六式　游龙戏水

寿城吸氧操（坐式）
第七式　仙姑献瑞

寿城吸氧操（坐式）
第八式　鹤翔九霄

寿城吸氧操（坐式）
第九式　神龟贺寿

寿城吸氧操（坐式）
功后礼仪

寿城吸氧操（坐式）
全套动作演示